図解で学ぶ

# めくるめく日本語史の世界

今野真二

淡交社

# 目次

# 近代語編

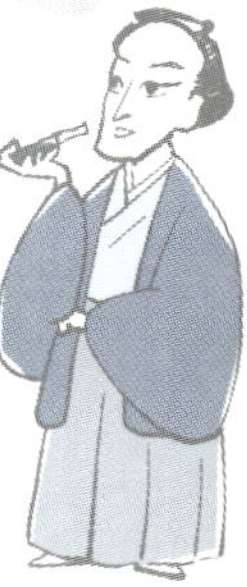

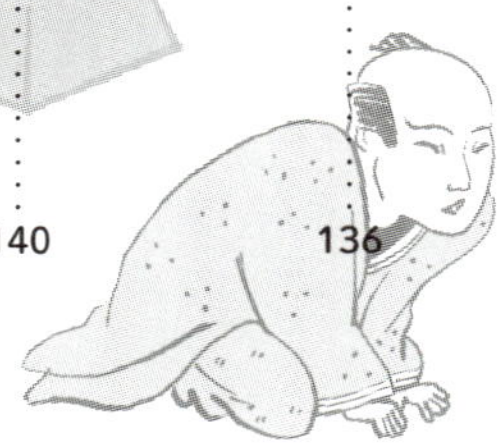

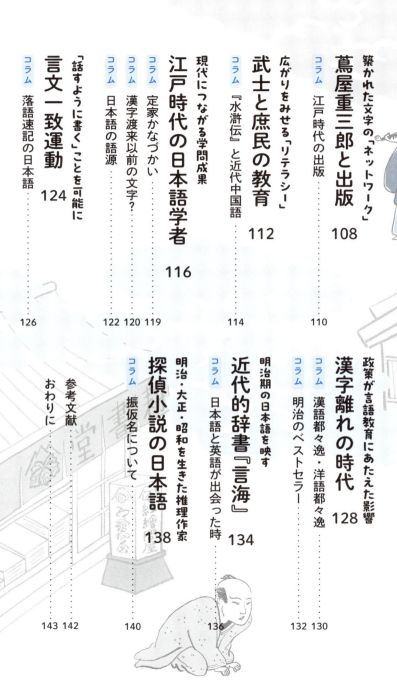

# はじめに

みなさんは、自分が使っている日本語について、その「歴史」を考えたことがあるでしょうか。「○○史」という名称で、さまざまな分野の歴史が語られるように、日本語にも「日本語史」があります。令和の日本語は平成、昭和の日本語につながり、大正、明治の日本語は江戸時代の日本語につながり、江戸時代の日本語は室町、鎌倉、平安、奈良時代の日本語とつながっています。そしてまた、それぞれの時代の日本語は少しずつ異なっています。異なっているということは、日本語が変化してきたということですから、日本語にも（変化の）歴史があるということになります。

日本語史という分野は、主に大学での専門的な学問として学ばれています。新書や単行本などの一般書で読んだことがある方もいらっしゃると思います。一方、中学・高校のような広く一般的な教育で学ばれる内容ではないため、まったく触れることなくお過ごしの方もいらっしゃると思います。

本書は、日本語史という分野にはじめて触れる方や、教養として日本語史を学びたい方を想定して書きました。日本語の歴史を考えるということは、日本に入ってきた中国語＝漢語、ひいてはそれを書きあらわす漢字のことや漢字の形を変えて誕生した仮名のこと、古典の授業のときに習った文法規則が時代につれてどのように変化したのかということや、実際に発音されていた音のこと等、さまざまなことが対象となります。本書では、さらに出版や教育に関する事項も含めました。話題として、日本語史の世界で通説として説かれていることや、著者の日頃の研究で興味深いと感じることをとりいれ、イメージイラストを多く配置した図解と、話題を広げたり深化させたコラムによって構成しました。

本書が、日本語史に興味をお持ちいただく際の一助となることを願っております。めくるめく日本語史の世界へ、ようこそ。

## 本書の構成

**本書は、図解とコラムにより構成されています。**

解説本文

**図解例**

# 漢字で書く和歌 『万葉集』の日本語

『万葉集』には漢字を表意的に使って文字化された和歌、漢字を表音的に使って文字化された和歌が収められています。また、漢字を表意的に使いながらも、助詞・助動詞やオノマトペ的な語など、表意的には文字化しにくい語を表音的に文字化している和歌が少なからずあります。

したがって、『万葉集』を全体的にみるならば、漢字を表意的に使うことを基調としながら、適宜表音的に使って、日本語を文字化しているとみるのがよいでしょう。これは現代日本語の文字化に通じるものとみることができます。つまり、『万葉集』が文字化された時に、すでに日本語の文字化のしかたの「道筋」はだいたい定まっていたことになります。

『万葉集』には助動詞「ツル」と助詞「カモ」が連続した「ツルカモ」を「鶴鴨」と文字化した箇所があります。あるいは「イブセクモアル

## 『万葉集』の日本語

漢字で和歌を書いた『万葉集』。

『万葉集』の構成
第一部(15巻)
・持統万葉 ・元明万葉
第二部(1巻)
第三部(4巻)
・大伴家持の歌日記
合計20巻

新年乃始乃波都波流能
家布敷流由伎能伊夜之家餘其騰
新しき年《とし》のはじめの初春の
今日降る雪のいやしけ吉事《よごと》
(『万葉集』巻二十・四五一六番歌)

4516番歌のうち、傍線部(トシに年、ハジメに始をあてる)が正訓字用法、点線部が仮名用法。

Point
『万葉集』の日本語の年代
つくられた年時がわかる和歌でもっとも新しいものは、巻20の末尾4516番、大伴家持の歌であり759年と考えられている。『万葉集』を構成しているのは8世紀の日本語と見なすことができる。

『万葉集』のことば
『万葉集』を読んでいくと、現代日本語でも使っている語もたくさんある。その一方で、〈ひきがえるのような大型のカエル〉を表していると考えられる「タニグク」、〈雉〉(きじ)を表していると考えられる「キギシ」、〈カイツブリ〉(水鳥の一種)を表していると考えられる「ニホドリ」など、現代日本語では使われていない語もたくさん見つかる。

タニ(谷)で「グク」と鳴いているのが「タニグク」かもしれない。

多遅具久《たにぐく》

30

ポイントや注目すべき事項

イメージイラスト

関連話題の囲み記事

**コラム例**

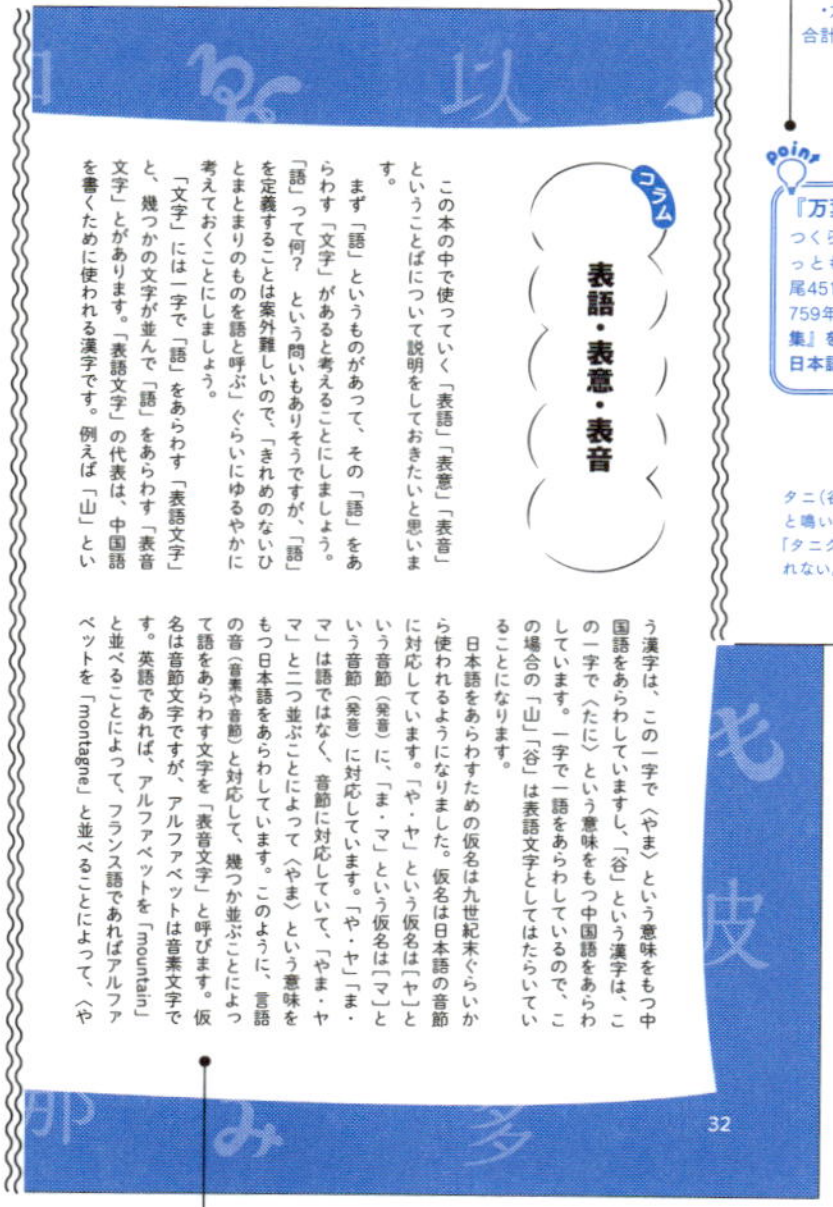

コラム

# 表語・表意・表音

この本の中で使っていく「表語」「表意」「表音」ということばについて説明をしておきたいと思います。

まず「語」というものがあって、その「語」をあらわす「文字」があると考えることにしましょう。「語」って何？ という問いもありそうですが、「語」を定義することは案外難しいので、「きれめのないひとまとまりのものを語と呼ぶ」ぐらいにゆるやかに考えておくことにしましょう。

「文字」には一字で「語」をあらわす「表語文字」と、幾つかの文字が並んで「語」をあらわす「表音文字」とがあります。「表語文字」の代表は、中国語を書くために使われる漢字です。例えば「山」という漢字は、この一字で〈やま〉という意味をもつ中国語をあらわしていますし、「谷」という漢字は、この一字で〈たに〉という意味をもつ中国語をあらわしています。一字で一語をあらわしているので、この場合の「山」「谷」は表語文字としてはたらいていることになります。

日本語をあらわすための仮名は九世紀末ぐらいから使われるようになりました。仮名は日本語の音節に対応しています。「や・ヤ」という仮名は[ヤ]という音節(発音)に、「ま・マ」という仮名は[マ]という音節(発音)に対応しています。「や・ヤ」「ま・マ」は語ではなく、音節に対応していて、「やま・ヤマ」と二つ並ぶことによって〈やま〉という意味をもつ日本語をあらわしています。このように、言語の音(音素や音節)と対応して、幾つか並ぶことによって語をあらわす文字を「表音文字」と呼びます。仮名は音節文字ですが、アルファベットは音素文字です。英語であれば、アルファベットを「mountain」と並べることによって、フランス語であればアルファベットを「montagne」と並べることによって、〈や

32

図解パートの話題を広げたり、深掘りする

◉資料図版凡例

・所蔵やデータベースの出典を示していないものは著者架蔵書です。
・キャプションに「＊」「＊＊」「＊＊＊」を付したものの出典は下記のとおりです。

＊　ColBase(https://colbase.nich.go.jp/)
＊＊　国立国会図書館デジタルコレクション
＊＊＊　京都大学貴重資料デジタルアーカイブ

# 日本語史ことはじめ

## 1 時代区分と地域

上代＝奈良時代以前
中古＝平安時代

中世＝鎌倉・室町時代

**上代・中古の人々は、「古代語」を話した。**残された資料は奈良や京都に住む、高い身分の人たちが書き記したものが多い。

**近世・近代の人々は、「近代語」を話した。**近世前半までは上方語、後半以降は江戸（東京）語の資料が多く残されている。

**Point**

**古代語と近代語の間に位置する「中世語」**

古代語から近代語に移り変わる過渡期にあたるのが中世語である。またキリシタン資料や抄物など、当時のことばを使った文献が多く残っていることもこの時代の特徴である。

近世＝江戸時代
近代＝明治時代以降

日本史や日本文学史では、「上代」「中古」「中世」「近世」「近代」という区分と名称を使いますが、日本語の歴史を考える場合は、平安時代までの日本語を「古代語」、江戸時代以降の日本語を「近代語」と呼び、両者の間の過渡期を「中世語」と呼びます。本書は二部構成を採っているので、中世語を古代語に含めています。

録音のような手段がなかった時期の日本語がどのようなものだったかを考えるためには、日本語が書き記されている「文献」を調べるしかありません。文献は本に限られているわけではありません。削った木片に字を書いた木簡も、メモのようなものも、日本語が書かれていれば、すべて貴重な文献です。そして文献は文化の中心地に残りやすいので、奈良・京都に都があった時期は、その地域の日本語が文献に残り、鎌倉・江戸に幕府があった時期は、その地域の日本語が文献に残ることになります。

## 2 日本語史の対象

**さまざまな考察対象**

方言が異なると、発音をはじめ語彙や文法が違う場合がある。武家や町人などの社会的な階層や、性別、年齢の異なりも考慮に入れる必要がある。日本語史にはさまざまな考察対象があるといえる。

日本語の歴史を探るためには、日本語のいろいろな面に注目する必要があります。

文献に書かれている日本語は基本的には「かきことば」ですから、そこからいろいろな情報を引き出さなければなりません。文献を精密に観察することによって、日本語がどのような音を使っていたのかということがわかることがあります。漢字のみで書かれている『万葉集』であっても、どのような発音の漢字がどのように使われているかということを観察することによって、書き手が日本語を母語としているか、そうではなくて、中国語を母語としているかということがわかってきました。十六世紀に来日した宣教師たちがつくった、ローマ字で書かれた「キリシタン資料」によって、中世語の発音もわかります。

文献を精密に読み解くためには、まず「文字」や、どのように文字化しているかという「表記」についての分析が必要になります。また、一つ一つの「文」がどのような「語」によって構成されているか、その時期にはどのような語が体系をつくっていたかという「語彙」について考える必要もあり、語と語とがどのようなきまり＝「文法」によって「文」をつくっているかということも考察対象になります。

# 3 資料でみる日本語史

日本語の歴史を考えるためには、日本語が記されている「文献」を資料とします。それぞれの資料には、それが書かれた目的があります。また、その資料を「書いた人＝書き手」がいて、書き手が想定した「読み手」がいます。どの地域で書かれたかということも考える必要があります。また、「書く」のですから、それは基本的には「かきことば」であることになります。こうした幾つかのことに注意しながら、文献を読み、そこに書き記されている日本語を読み解いていく必要があります。

応安四（一三七一）年に写された真福寺本は、現存最古の『古事記』テキストである。本文に交じって細字双行で「注」が記されており、「よみかた」が示されている ➡28頁

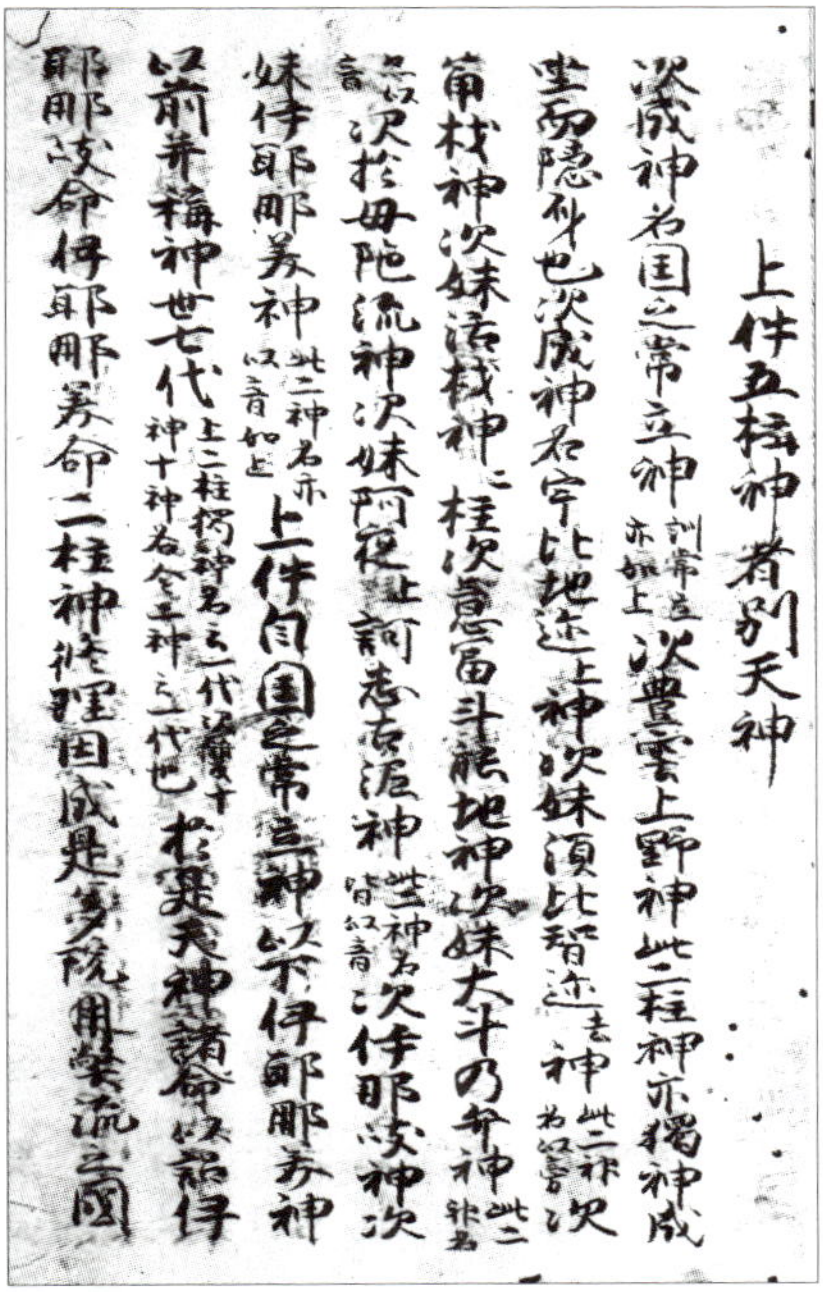
上件五柱神者別天神
次成神名国之常立神 訓常立亦如上 次豊雲上野神 此二柱神亦独神成坐而隠身也 次成神名宇比地迩上神 次妹須比智迩去神 此二神名以音 次角杙神 次妹活杙神二柱 次意富斗能地神 次妹大斗乃弁神 此二神名亦以音 次於母陀流神 次妹阿夜上訶志古泥神 此二神名皆以音 次伊耶那岐神 次妹伊耶那美神 此二神名亦以音如上
上件自国之常立神以下伊耶那美神以前并称神世七代 上二柱独神各云一代 次双十神各合二神云一代也 於是天神諸命以詔伊耶那岐命伊耶那美命二柱神修理固成是多陀用弊流之国

例1
国宝　真福寺本『古事記』上　一九四五年、京都印書館＊＊

## 「刻まれた」日本語

「紙に書かれる前の日本語」については、刀剣や仏像に刻まれた「金石文」が日本語を知る手がかりの一つとなる。➡20頁

漢字で書かれた『万葉集』。元暦元（一一八四）年に校正作業が行なわれた元暦校本は、漢字列の後ろに仮名で読み方を示している ➡30頁

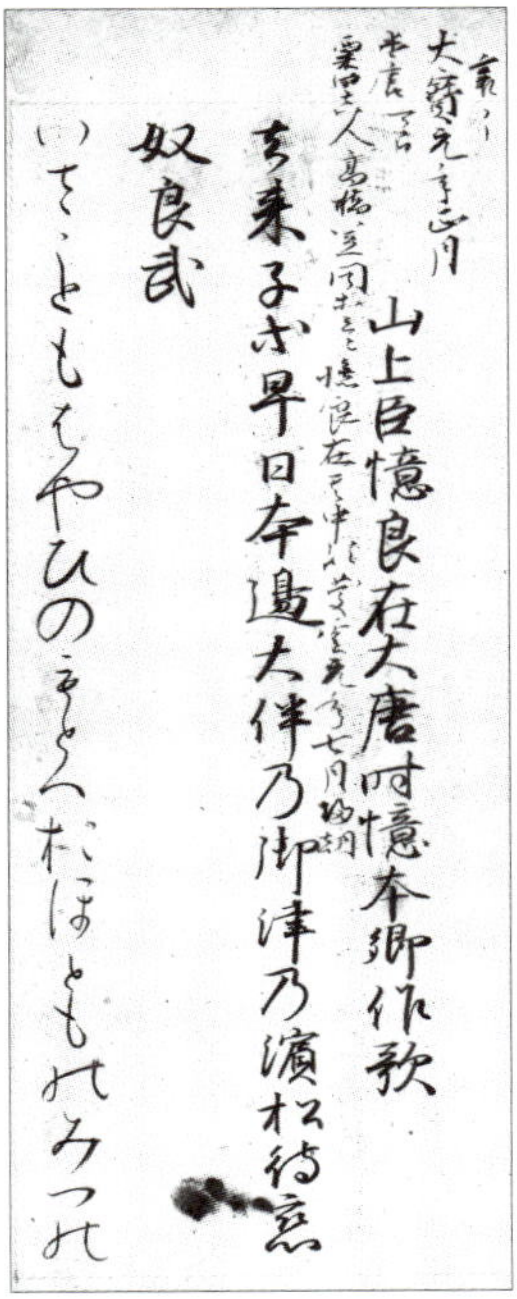
山上臣憶良在大唐時憶本郷作歌
去来子等早日本邊大伴乃御津乃濱松待恋
奴良武

例2
国宝　元暦校本『万葉集』第一巻（部分）
東京国立博物館所蔵＊

例3

鈴鹿本『今昔物語集』第一巻（部分）　京都大学附属図書館所蔵＊＊＊

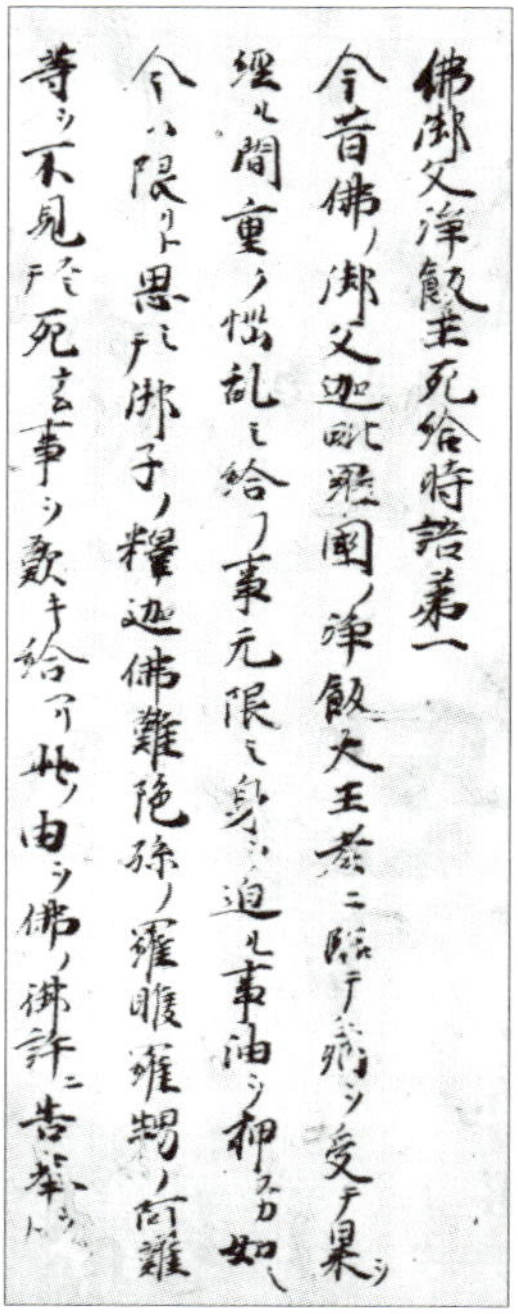
佛御父淨飯王死給時語第一
今昔佛ノ御父迦毗羅衛國ノ淨飯大王老ニ臨テ病ヲ受テ日来シ
經ル間重ク悩乱シ給フ事元限シ身ヲ迫ル事油ヲ押スカ如シ
今ハ限リト思テ佛子ノ釋迦佛難陀孫ノ羅睺羅阿難
等ヲ不見シテ死ナム事ヲ歎キ給フ此ノ由ヲ佛ノ御許ニ告奉ル

鈴鹿本は鎌倉中期頃書写とされ、『今昔物語集』の現存する最古の写本である。片仮名宣命書き（実質的な語は大きく漢字で、付属語の類は小さく仮名で記した文体）で書かれている ↓65頁

例4

『後奈良院御撰何曾』（部分）　国立公文書館所蔵（同館デジタルアーカイブより）

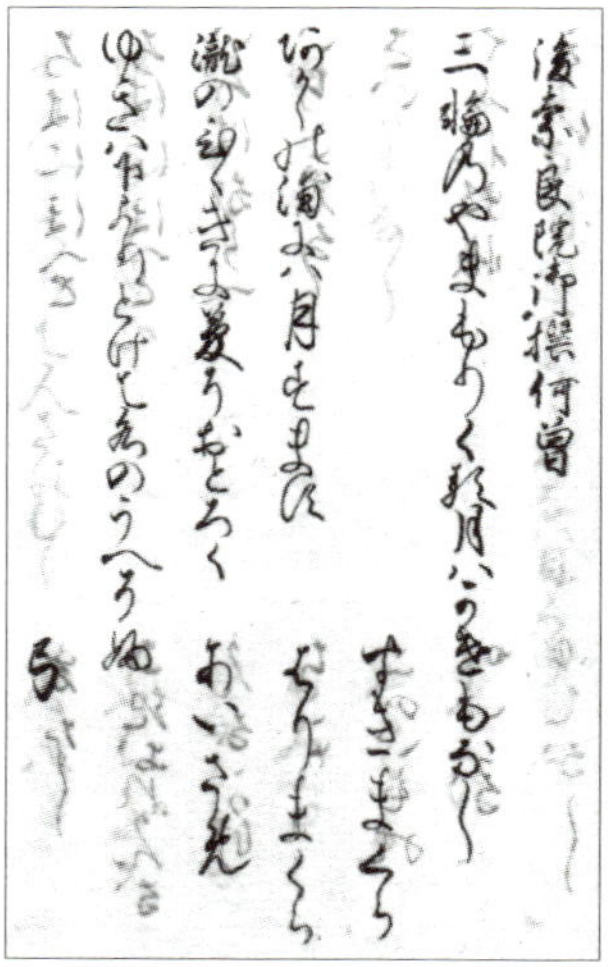
後奈良院御撰何曽

日本最古のなぞなぞ集。なぞなぞを通して、当時の日本語の発音や語形などがわかる ↓36・81頁

例5

『史記抄』第二巻　京都大学附属図書館所蔵　清家文庫＊＊＊

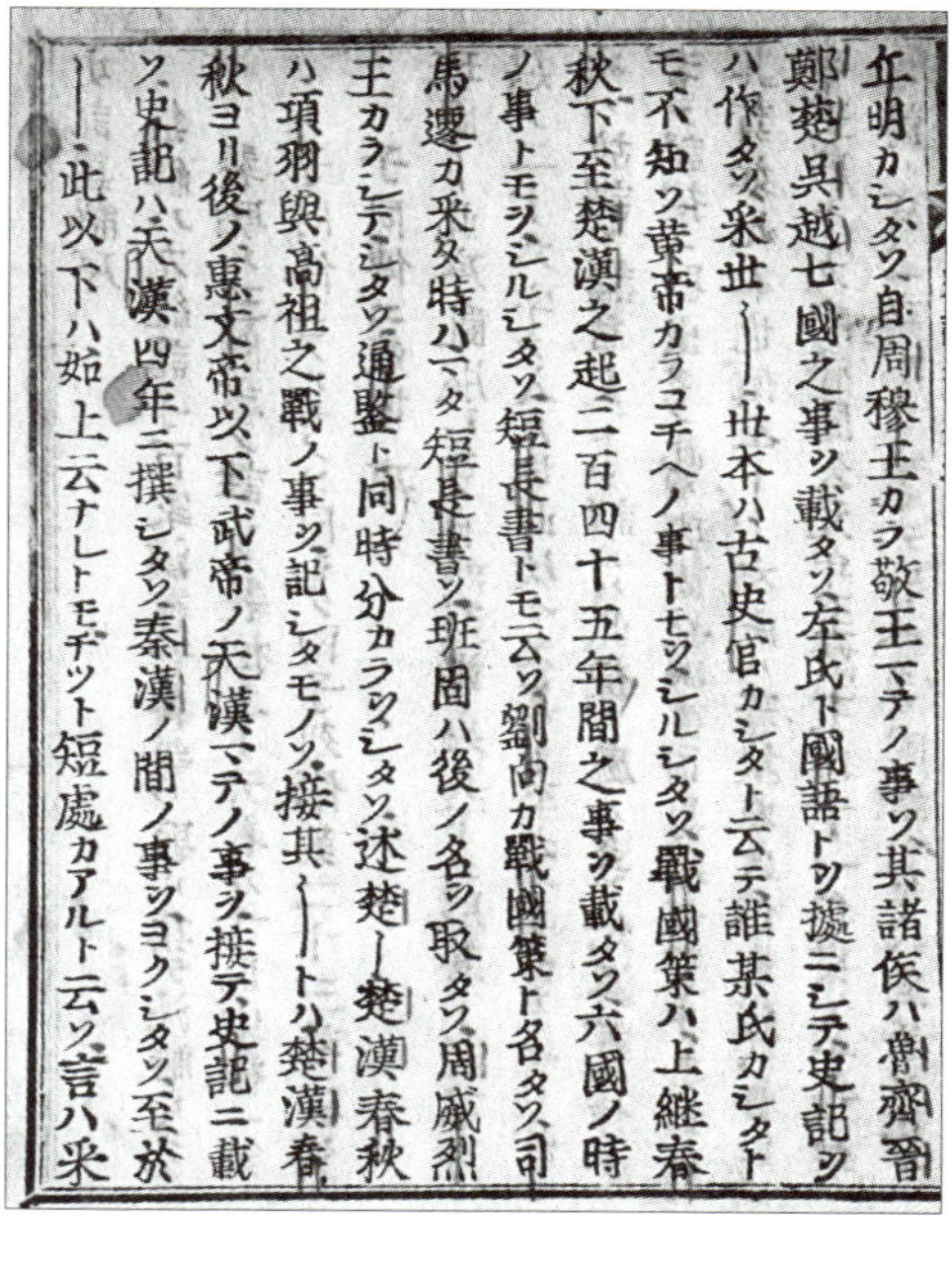
丘明カシタソ自周穆王カラ敬王マテノ事ヲ其諸侯ハ魯齊晉
鄭楚呉越七國之事ヲ載タソ左氏ト國語トヲ據ニシテ史記ヲ
ハ作タソ采世―世本ハ古史官カシタト云テ誰某氏カシタト
モ不知ソ黄帝カラコチヘノ事トモヲシルシタソ戰國策ハ上継春
秋下至楚漢之起二百四十五年間之事ヲ載タソ六國ノ時
ノ事トモヲシルシタソ短長書トモ云ソ劉向カ戰國策ト名タソ司
馬遷カ采タ時ハマタ短長書ソ班固ハ後ノ名ヲ取タソ周威烈
王カラシテシタソ通鑑ト同時分カラシタソ述楚―楚漢春秋
ハ項羽與高祖之戰ノ事ヲ記シタモノソ接其―トハ楚漢春
秋ヨリ後ノ恵文帝以下武帝ノ天漢マテノ事ヲ接テ史記ニ載
ソ史記ハ天漢四年ニ撰シタソ秦漢ノ間ノ事ヲヨクシタソ至於
―此以下ハ如上云ナレトモチツト短處カアルト云ソ言ハ采

右は中国の書物『史記』の注釈書。このような「抄物」の漢字片仮名交じりの文章からは、中世期の「はなしことば」をうかがうことができる ↓90頁

**中世日本語を知るための3大資料**

中世は日本語の過渡期にあたるため日本語史上でも重要視されるが、①抄物、②キリシタン資料、③狂言台本の三つが当時の「はなしことば」をうかがうための三大資料とされる。

例6

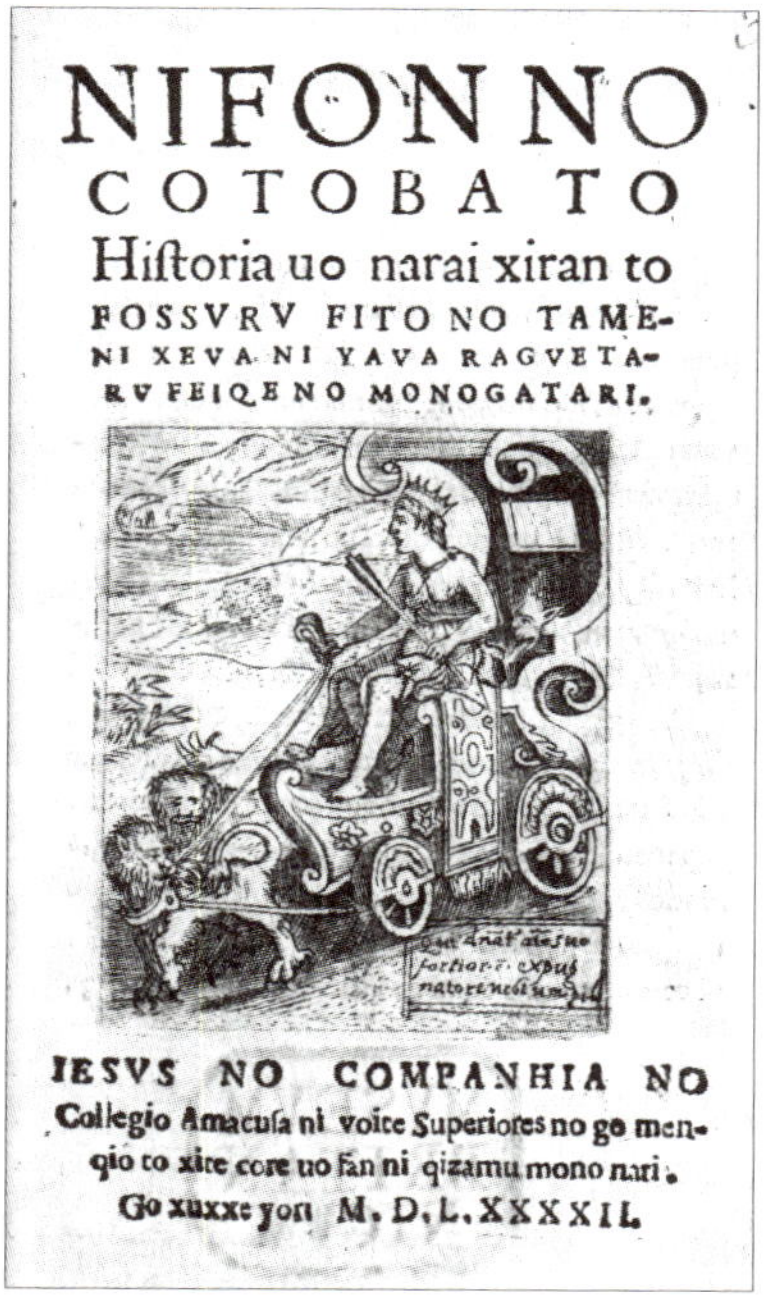
NIFON NO
COTOBA TO
Hiſtoria uo narai xiran to
FOSSVRV FITO NO TAME-
NI XEVA NI YAVA RAGVETA-
RV FEIQE NO MONOGATARI.

IESVS NO COMPANHIA NO
Collegio Amacuſa ni voite Superiores no go men-
gio to xite core uo fan ni qizamu mono nari.
Go xuxxe yori M. D. L. XXXXII.

天草版『平家物語』

右：冒頭「にほんの ことばと ひすとりあを ならい しらんと ほっするひとのために せわにやわらげたる へいけのものがたり。」

例7

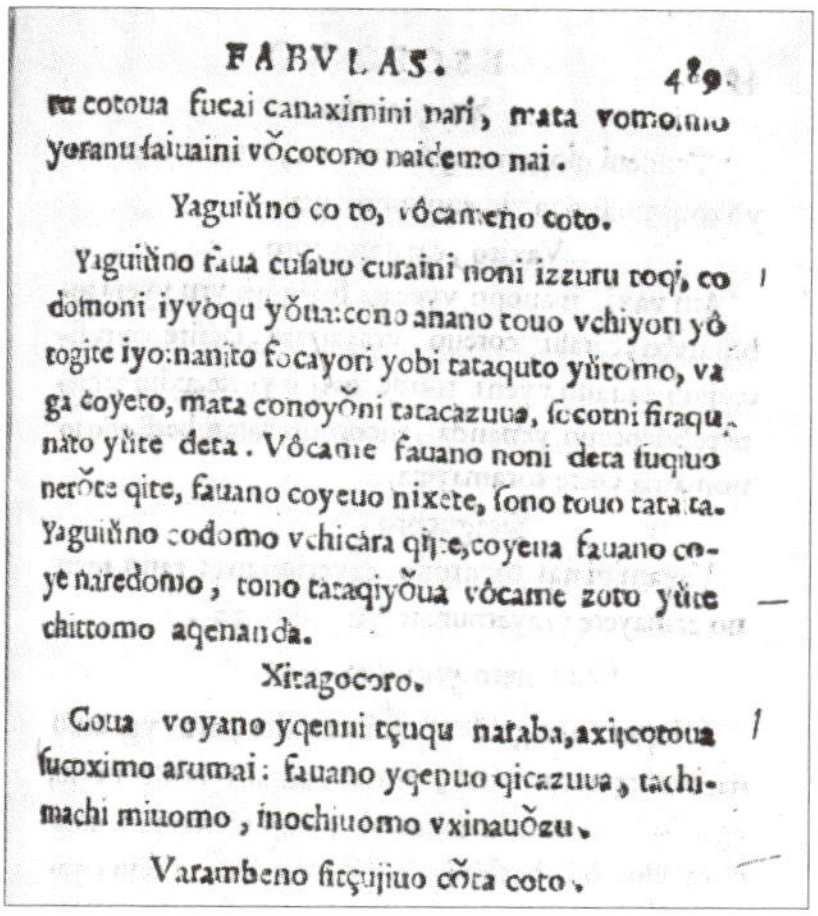
FABVLAS. 419.

ru cotoua fucai canaximini nari, mata vomoimo yoranu ſaiuaini võcotono naidemo nai.

Yaguiŭno co to, vôcameno coto.

Yaguiŭno faua cuſauo curaini noni izzuru toqi, codomoni iyvoqu yõuacono anano touo vchiyori yôtogite iyo:nanito focayori yobi tataquto yŭtomo, vaga coyeto, mata conoyõni tatacazuua, socotni firaqu. nato yŭte deta. Vôcame fauano noni deta tuqiuo nerŏte qite, fauano coyeuo nixete, fono touo tataita. Yaguiŭno codomo vchicara qite, coyeua fauano coye naredomo, tono tataqiyõua vôcame zoto yŭte chittomo aqenanda.

Xitagocoro.

Coua voyano yqenni tçuqu nataba, axitcotoua ſocoximo arumai: fauano yqenuo qicazuua, tachimachi miuomo, inochiuomo vxinauõzu.

Varambeno fitçujiuo cõta coto.

天草版『イソップ物語』（部分）

上：3行目「やぎゅうのこと、おおかめのこと」

例8

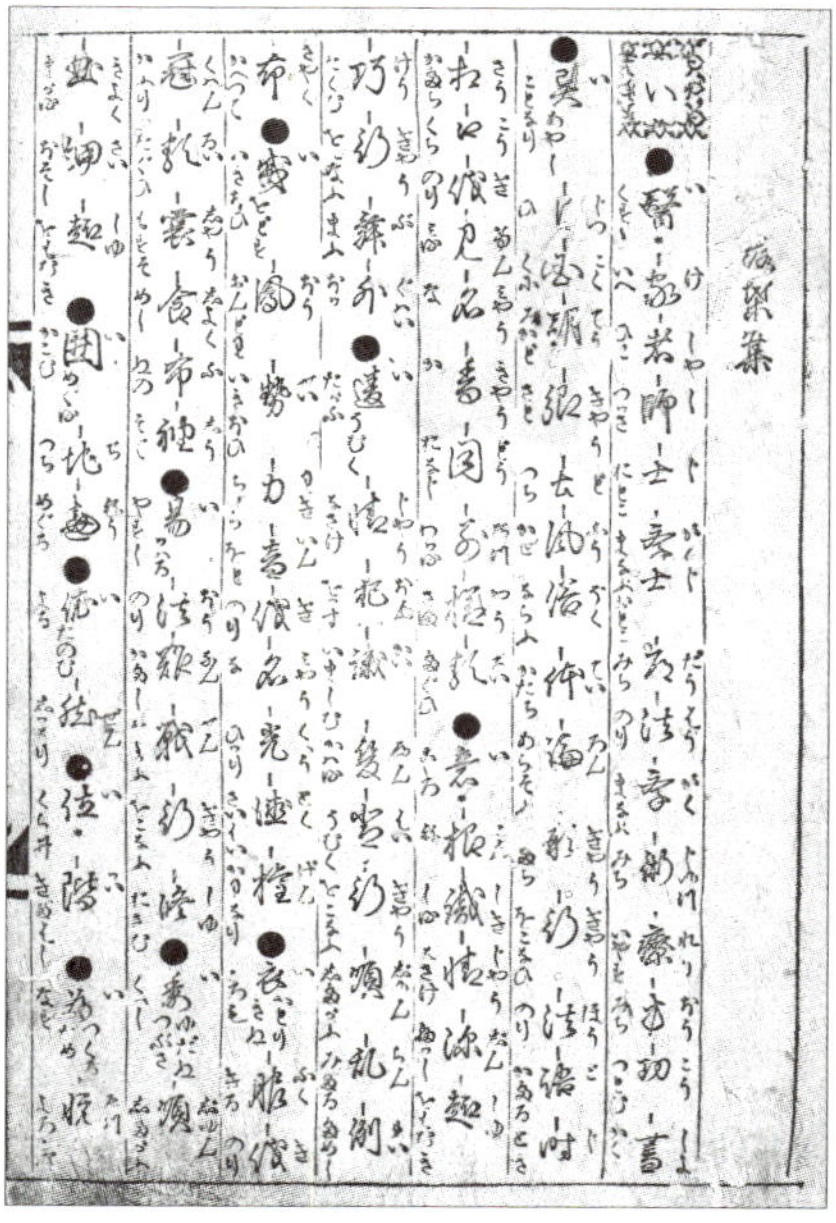

『落葉集』

右：「い」の部分。「醫」から始まる漢語を並べ、漢字の左側に訓、右側に音を振仮名として施している。

キリスト教布教のために来日した宣教師たちを中心としてつくられたキリシタン資料。例6・7の資料はポルトガル式ローマ字表記によって、日本語が記されている ➡74頁

図8の『落葉集』は漢和辞典。漢字は楷書体ではなく、行書体や草書体にちかい字体であり、これは実際に流通していた漢字字体をあらわしていると考えられる ➡60・80頁

本頁の資料は大英図書館所蔵。図6・7は国立国語研究所ウェブサイト、図8は国書データベースより

例9

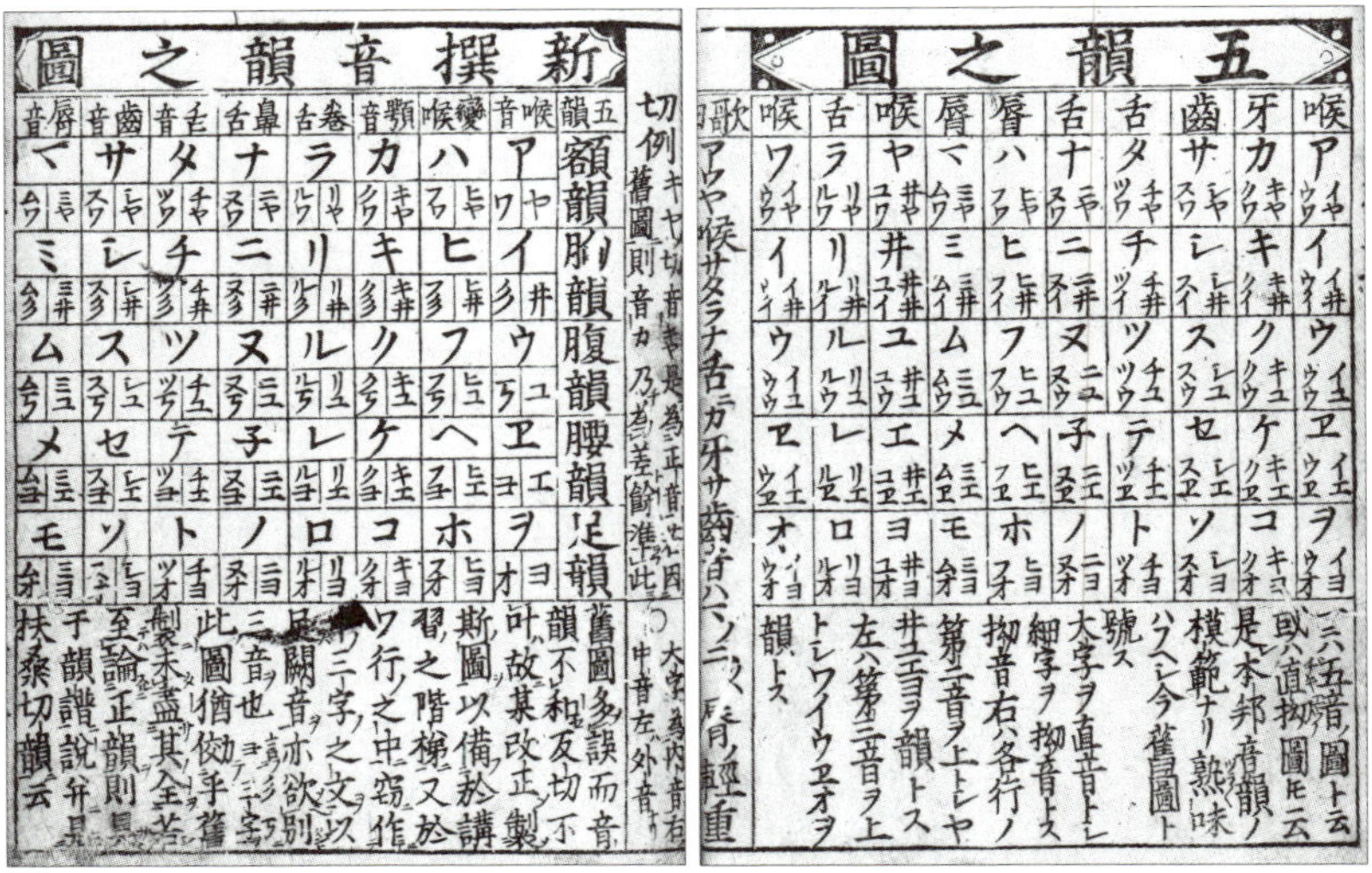

左・左下『しちすつ仮名文字使蜆縮凉鼓集』上 国立国語研究所所蔵（同ウェブサイトより）

右の「五韻之図」ではハ行音を「脣の軽」とみているのに対し、左の「新撰音韻之図」では「変喉」とみており、ハ行子音が変化したことがわかる。

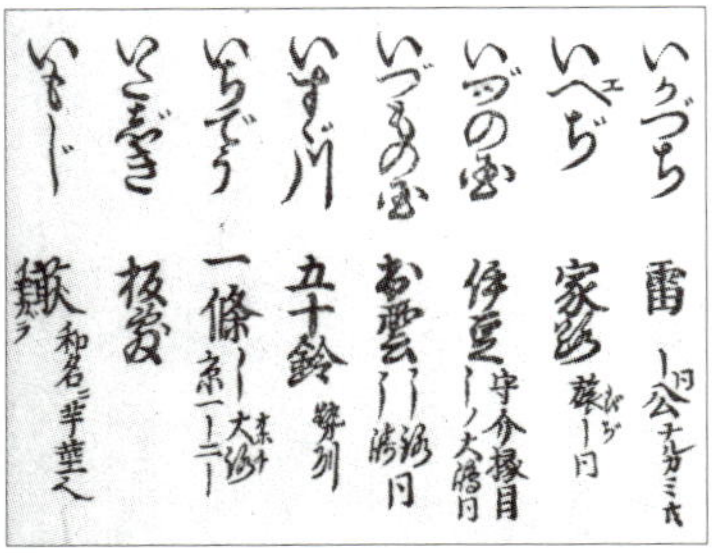

江戸時代、かなづかいや発音に対する意識が高まり、書物にも書き記された。この資料には、「四つ仮名」のことや「ハ行音の変遷」にかんすることが記されている

↓36・104頁

左は「い」から始まる「四つ仮名」を含む語のかなづかいを示している。

例10

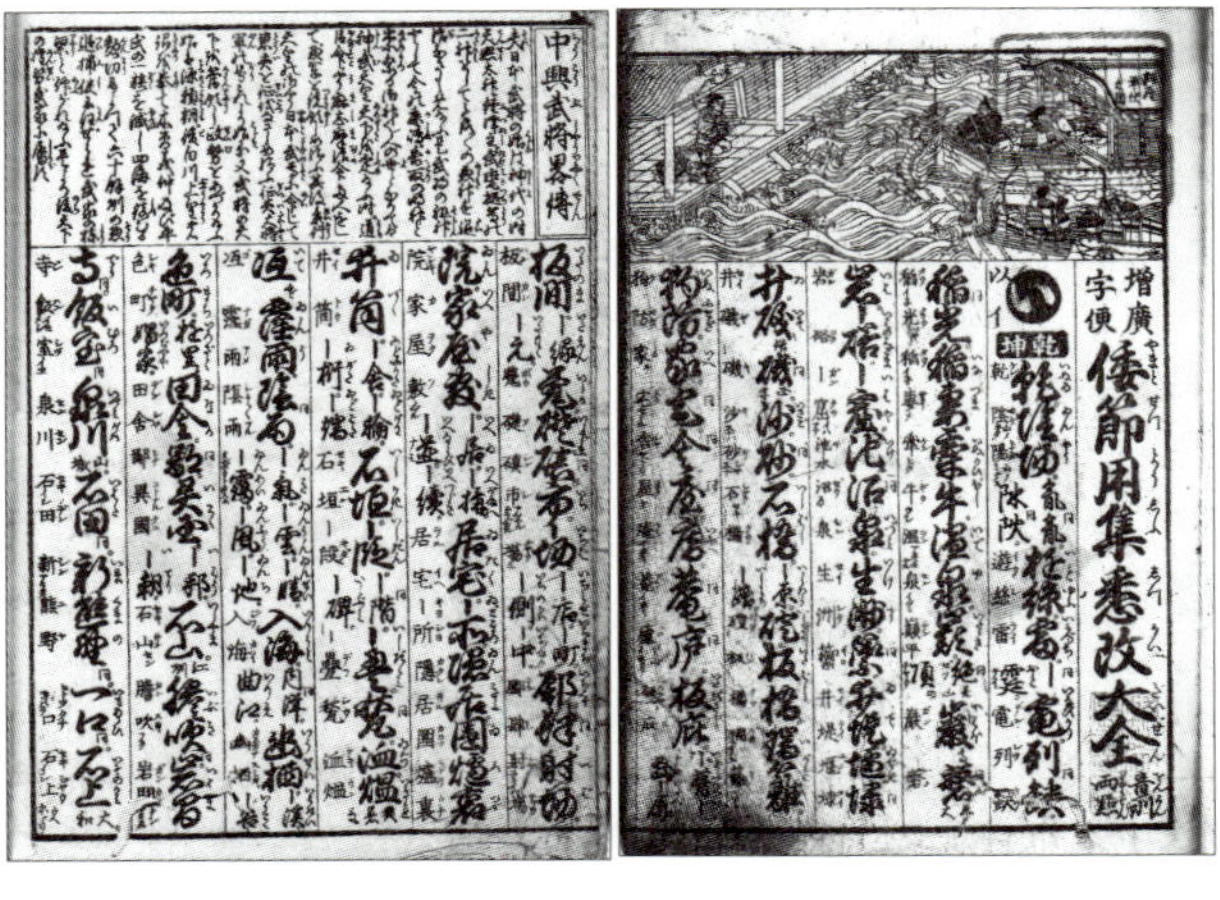

『倭節用集悉改大全』

室町時代につくられた辞書『節用集』は江戸時代になると小型の袖珍本から大本まで、多様な形が生み出された。左の『倭節用集悉改大全』は、上部にいろいろな情報が附録されている厚い『節用集』である。「本行」は行草書体で書かれている

↓59頁

『浮世床』には生き生きとした会話、発音を表記に表そうとする工夫がみられ、後期江戸語の特徴があらわになる ⬇96頁

例11

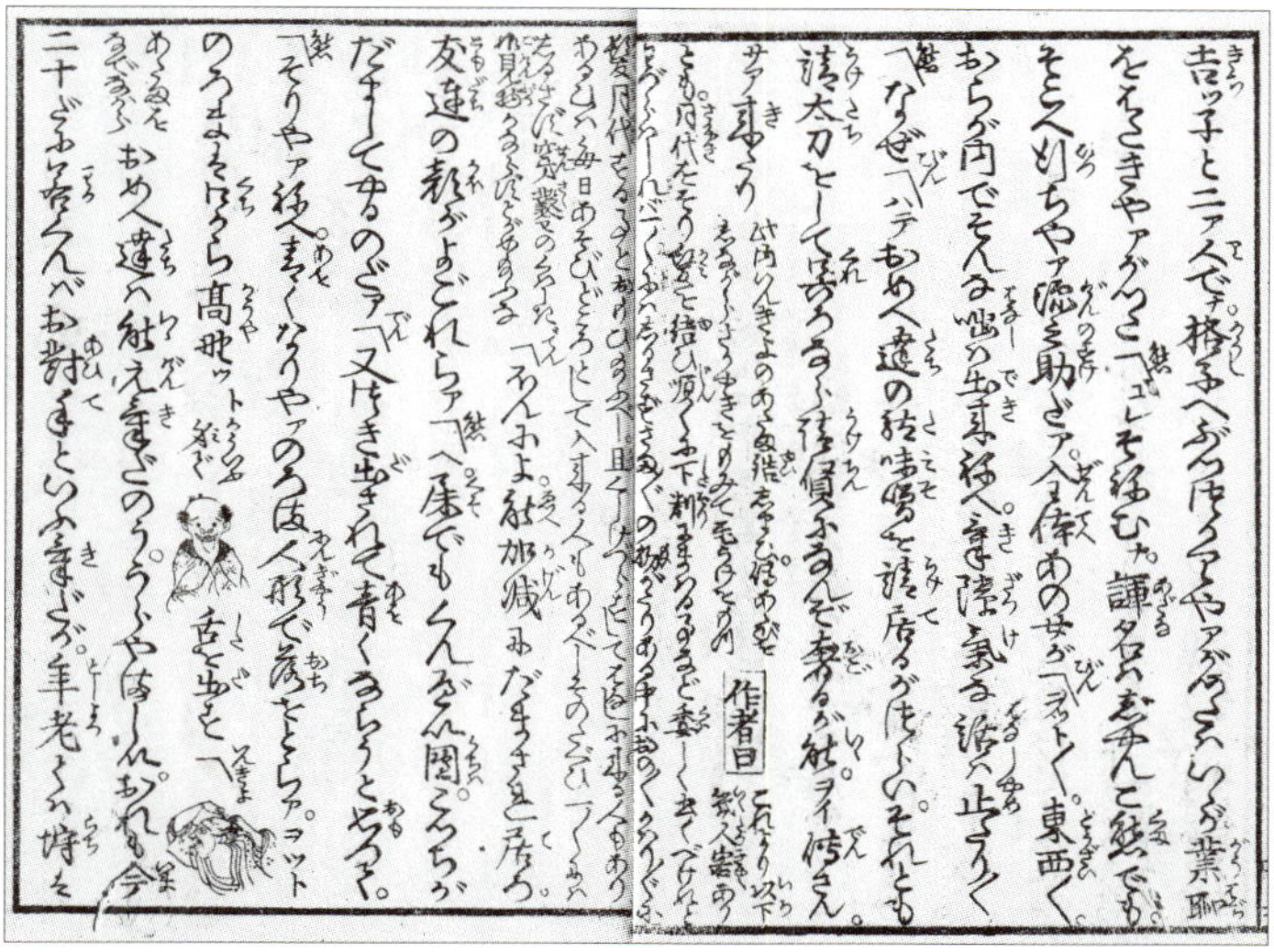

『浮世床』

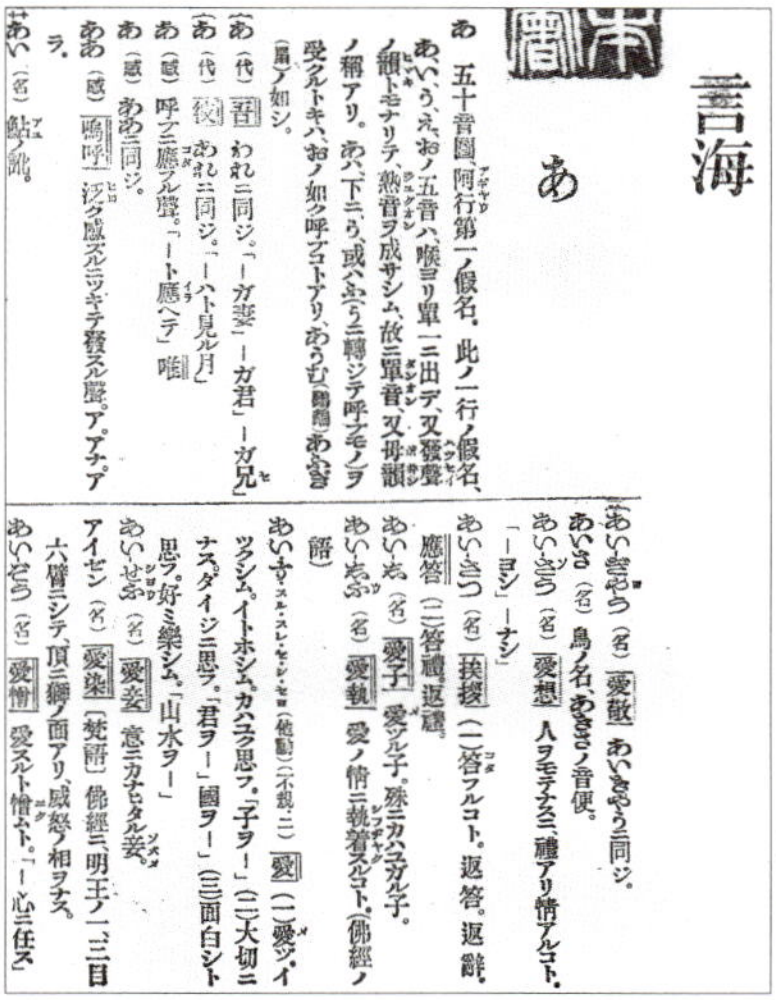

例13

言海

あ

あ　五十音圖、阿行第一ノ假名。此ノ一行ノ假名、あ、い、う、え、おノ五音ハ、喉ヨリ單一ニ出デ、又發聲ノ韻トモナリテ、熟音ヲ成サシム、故ニ單音、又母韻ノ稱アリ。あハ、下ニう、或ハふ（うニ轉ジテ呼ブモノ）ヲ受クルトキハ、おノ如ク呼ブコトアリ、あうむ（鸚鵡）あふぎ（扇）ノ如シ。

あ（代）吾　われニ同ジ。「―ガ妻」「―ガ君」「―ガ兄」

あ（代）彼　あれニ同ジ。「―ハト見ル月」

あ（感）呼ブニ應フル聲。「―ト應ヘテ」唯
あ（感）ああニ同ジ。

ああ（感）嗚呼　深ク感ズルニツキテ發スル聲。ア。アナ。アラ。

あい（名）鮎ノ訛。


あいきやう（名）愛敬　あいぎやうニ同ジ。

あいさ（名）鳥ノ名、あきさノ音便。

あいさう（名）愛想　人ヲモテナスニ、禮アリ情アルコト。「―ヨシ」「―ナシ」

あいさつ（名）挨拶　（一）答フルコト。返答。返辭。應答（二）答禮。返禮。

あいし（名）愛子　愛スル子。殊ニカハユガル子。

あいしふ（名）愛執　愛ノ情ニ執着スルコト。（佛經ノ語）

あいす・スル・スレ・セシ・セヨ（他動）（不規・二）愛　（一）愛ヅ。イツクシム。イトホシム。カハユク思フ。「子ヲ―」（二）大切ニナス。ダイイジニ思フ。「君ヲ―」「國ヲ―」（三）面白シト思フ。好ミ樂シム。「山水ヲ―」

あいせふ（名）愛妾　意ニカナヒタル妾。

アイゼン（名）愛染〔梵語〕佛經ニ、明王ノ一、三目六臂ニシテ、頂ニ獅ノ面アリ、威怒ノ相ヲナス。

あいぞう（名）愛憎　愛スルト憎ムト。「―心ニ任ス」

『言海』（部分）

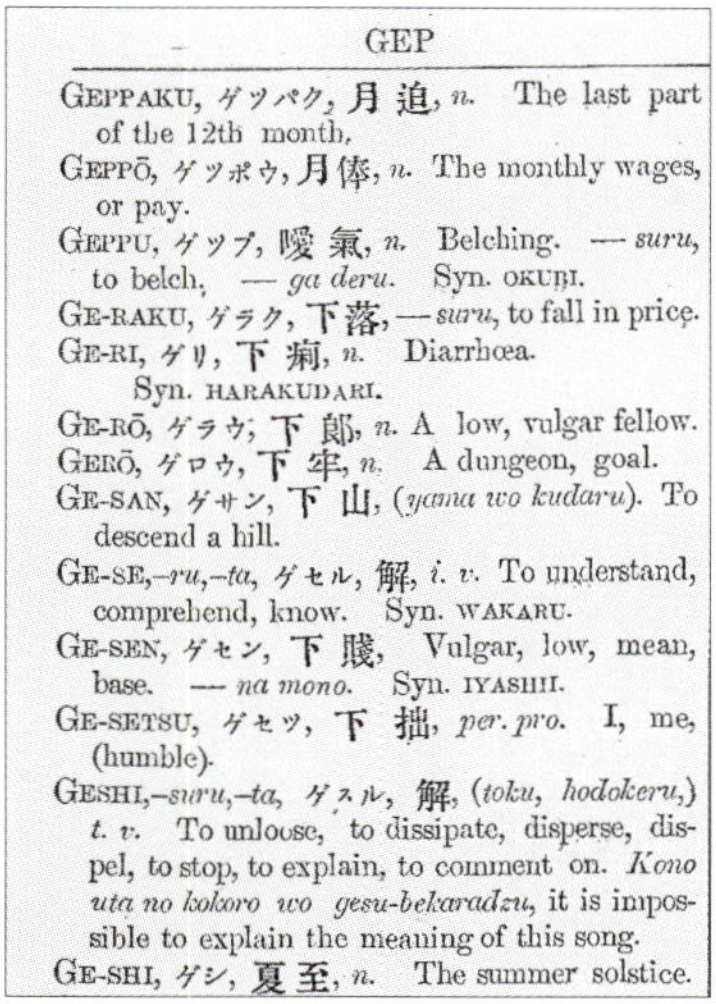

例12

GEP

GEPPAKU, ゲッパク, 月迫, *n.* The last part of the 12th month.
GEPPŌ, ゲッポウ, 月俸, *n.* The monthly wages, or pay.
GEPPU, ゲップ, 噯氣, *n.* Belching. — *suru*, to belch. — *ga deru.* Syn. OKUBI.
GE-RAKU, ゲラク, 下落, — *suru*, to fall in price.
GE-RI, ゲリ, 下痢, *n.* Diarrhœa. Syn. HARAKUDARI.
GE-RŌ, ゲラウ, 下郎, *n.* A low, vulgar fellow.
GERŌ, ゲロウ, 下牢, *n.* A dungeon, goal.
GE-SAN, ゲサン, 下山, (*yama wo kudaru*). To descend a hill.
GE-SE,–*ru*,–*ta*, ゲセル, 解, *i. v.* To understand, comprehend, know. Syn. WAKARU.
GE-SEN, ゲセン, 下賤, Vulgar, low, mean, base. — *na mono.* Syn. IYASHII.
GE-SETSU, ゲセツ, 下拙, *per. pro.* I, me, (humble).
GESHI,–*suru*,–*ta*, ゲスル, 解, (*toku, hodokeru,*) *t. v.* To unloose, to dissipate, disperse, dispel, to stop, to explain, to comment on. *Kono uta no kokoro wo gesu-bekaradzu*, it is impossible to explain the meaning of this song.
GE-SHI, ゲシ, 夏至, *n.* The summer solstice.

『和英語林集成』（部分）

近代的国語辞書の先駆けである『言海』は国家的プロジェクトとして編まれ、辞書としてのさまざまな工夫にあふれている ⬇134頁

ヘボンが慶応三（一八六七）年に出版した『和英語林集成』は、ローマ字綴りの日本語に片仮名、漢字列や品詞、英語での語義説明等がみられる ⬇59頁

コラム

# 日本語の系統

琉球列島で使われている「琉球語」は日本本土の日本語と系統が同じであることが言語学的に証明されています。そうしたこともあって「琉球語」を日本語の方言の一つとみて、日本語は「本土方言」と「琉球方言」との二つに分かれるという「みかた」もあります。「琉球語」を一つの独立した言語とみれば、日本語と琉球語とは同系統の言語ということになります。このように、ある言語とある言語とを独立した別の言語とみるか、方言同士とみるかということは「みかた」の違いともいえます。

例えば、イタリア語「fantasia」とフランス語「fantaisie」、スペイン語「fantasía」はもともとは一つの語でした。イタリア語、フランス語、スペイン語は同系統の言語なので、このように形が似た語がたくさんあります。日本語に関しては、同じ系統であることが証明され、認められている言語が琉球語以外にはありません。琉球語を方言とみると、日本語には同系統の言語がないことになります。

日本は周囲が海で、「隣の言語」が地理的に存在しません。空間的に、つまり地理的に離れたところに同じ系統の言語がないとまではいえないでしょうが、可能性はひくくなります。もともと同じ言語Xを使っていた人々が別の場所に移動して、そこでの生活が長くなれば言語は何らかの変化をして言語Xダッシュになります。一方、もともとの場所で使われていた言語Xも変化しますが、言語がどう変化するかは定まっていないので、同じように言語Xダッシュになるわけではありません。これを仮に言語Yと呼ぶことにすると、言語Xダッシュと言語Yとはもとは同じ言語だったことになります。そして言語Xダッシュと言語Yとは同系統の言語ということになります。やはり移動がある程度可能な範囲ということになります。

コラム

# 奈良時代の日本語・平安時代の日本語

日本語の歴史について書かれている本の多くが、時代を追って書かれていることと思います。そうすると、まず奈良時代の日本語があって、次に平安時代の日本語があって、鎌倉時代、室町時代、江戸時代と続いていくことになります。

それでいいともいえますが、少し考えてみると、奈良時代の文化の中心は奈良周辺にあったはずです。同様に平安時代の文化の中心は京都周辺にあったと考えていいでしょう。鎌倉時代は鎌倉周辺、室町時代は京都、江戸時代は江戸ということになります。現在でもそうですが、東京と京都とでは使っている「はなしことば」が少し違います。東京は「東京方言」、京都は「京都方言」を使っていますね。ですから、奈良時代の日本語と平安時代の日本語は、そもそも違う日本語、方言であった可能性があります。

日本語の歴史を考えるにあたって、言語を録音するような手段が生まれるまでは、紙に書かれた日本語をもとにして、日本語について推測していくしかありません。「紙に書かれた日本語」は、それがいくら「はなしことば」的に書かれていたとしても、結局は「かきことば」、正確に言うならば「書かれたことば」ですから、「はなしことば」ではありません。

しっかりした「かきことば」ができあがるまでは、書かれた日本語の中にも「はなしことば」的な要素がかなり入り込んでいた可能性がたかいですね。

さて、奈良時代の日本語と平安時代の日本語の大きな違いの一つは、仮名を使っているかどうかです。仮名が生まれたのは九世紀末頃と推測されているので、それ以降は仮名を使って日本語を文字化することが行なわれるようになりました。

# 古代語編

平安時代までの日本語を古代日本語（古代語）と呼びます。仮名（平仮名・片仮名）は九世紀の末ぐらいまでにできたと考えられています。仮名が生まれるまでは、日本語は漢字によって文字化されていました。『古事記』『日本書紀』『万葉集』はいずれも漢字だけで文字化されています。仮名が生まれ、日本語はよりはっきりと「姿」をあらわしたといってもいいでしょう。仮名で文字化された文献によって、日本語の文法もあきらかになりました。学校で習う古典文法は、平安時代の日本語の文法です。

また本編では、通時的な変化や、近代語へとつながる中世日本語（中世語）についてもあつかいます。

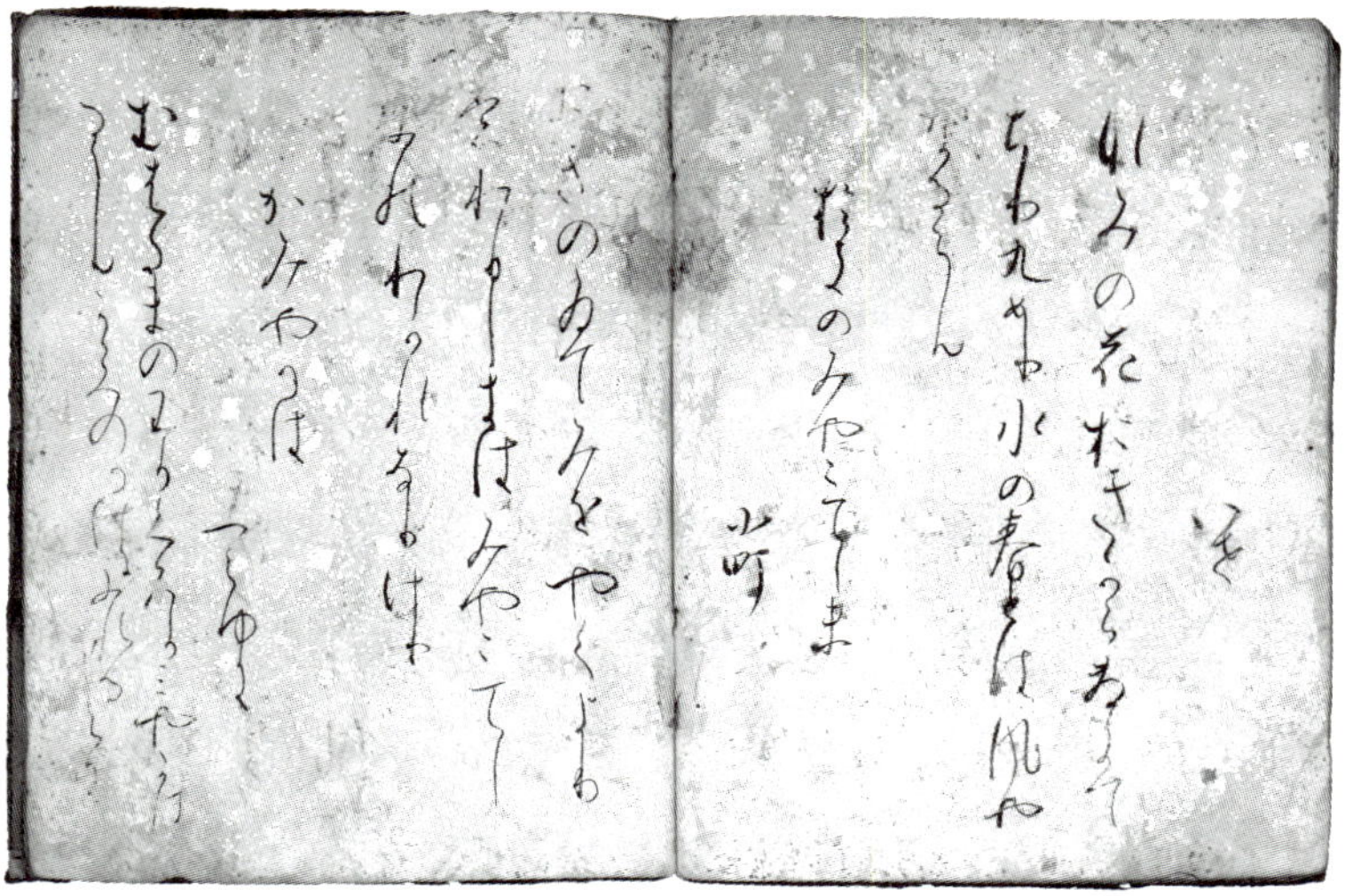

国宝　元永本『古今和歌集』上帖　東京国立博物館所蔵＊

仮名が生まれ、日本語を自在に書けるようになったことにより、
具体的に当時の日本語の姿を文字化できるようになった。
平仮名の生まれた「場」の詳細は不明だが、「和歌を書く」ということと結びつきながら発達していったものと考えられる。

➡ 62 頁

紙に書かれる前の日本語

# 日本語と漢字との出会い

人間が集団で生活をするにあたって、言語がないということは想像しにくいことです。「明日は山に狩りに行こう」というようなことだって、言語を使わずに身振り手振りで伝えるのは難しいでしょう。そうだとすると、日本列島上で、集団生活が行なわれ始めたと考えられている縄文時代にはすでに、日本語の祖型のような言語があったと推測するのが自然です。

日本語が漢字といつ出会ったかを特定することも難しいことです。最初はそれが、文字であることを認識できずに、単なる模様のようにとらえたかもしれません。鹿児島県種子島の広田遺跡から出土した貝札《かいふだ》には隷書体《れいしょたい》の「山」のようなデザインが施されています（➡26頁図版）。しかし、これが漢字＝文字であると認めるためには、なぜ貝札に「山」という漢字が刻まれていたかを説明する必要があります。

## 貝札に施されているのは「山」の字？

鹿児島県種子島の広田遺跡から出土した貝札（貝に彫刻を施した装身具）に刻まれているのは、「山」の字のようにも見える。

157体の人骨、4万点以上の貝製品が出土している。
広田遺跡は弥生時代後期〜7世紀にかけての墓地遺跡と考えられている。
この貝札は、埋葬された人骨に装着されていた。

Point

**日本語はいつ、漢字と出会ったのか？**

刻まれているのは漢字の「山」なのか、模様・デザインとして刻まれた装飾なのか。この貝札に文字が刻まれなければならなかった理由が見つからない限り、**これを「山」の漢字と見なすことは難しい。**

### 「片部遺跡」メモ

三重県松坂市の片部（かたべ）遺跡の4世紀はじめ頃の流水路跡から出土した丸壺の土器も、口縁部の痕跡が「田」の字に見えるとされる。しかし本当に文字とみなせるのかということを考えると、やはりなぜそれが壺に刻まれなければならなかったか、という理由の問題が立ちはだかる。

田？

一方、稲荷山《いなりやま》古墳から出土した鉄剣、江田船《えたふな》山《やま》古墳から出土した鉄刀に刻まれているのは「銘文」で、どのような「内容」であるかもほぼ解読できています。つまり漢字を文字として使ってこれらの銘文が刻まれているということです。稲荷山古墳から出土した鉄剣は西暦四七一年につくられたと考えられています。そうであれば、五世紀の半ば過ぎ頃には、漢字を文字として使っていたことになります。

### 鉄剣銘の作者の正体は？

銘文の文字づかいを見ると、日本語の「キ」に漢字「鬼」、「ワ」に「獲」をあてていることがわかるが、この「あて方」は『万葉集』には見られず、朝鮮古代文献である『三国史記』において固有名詞を書く際に使われた漢字と共通している。このことから、鉄剣銘の作者は朝鮮半島から日本に来た人か、そうした人に連なる人であった可能性が高いと考えられる。

## 2つの鉄剣・鉄刀にきざまれた文字が意味すること

稲荷山古墳出土金錯銘（きんさくめい）鉄剣と江田船山古墳出土鉄刀の銘文は雄略朝期に刻まれたと考えられる。

埼玉県の稲荷山古墳から出土した鉄剣は金象嵌(きんぞうがん)で表に57字、裏に58字の文字が刻まれている。表には「辛亥年」とあり、471年であると考えられる。

### 江田船山古墳出土鉄刀

熊本県の船山古墳から出土した5世紀半ば頃のものと考えられる鉄刀は銀象嵌（ぎんぞうがん）で75文字が刻まれている。稲荷山古墳出土鉄剣と同様、冒頭にワカタケル大王について書いていると推測される文字があり、これらは雄略朝期に制作されたとみることができる。

銘文は、ヲワケの臣が、ワカタケル大王を「サヂ」(左治：政治をたすけ、国を治めるの意)した、という内容。ワカタケル大王は、雄略天皇の諱(いみな)である。

Point

**「日本語を漢字であらわす」時代の到来！**

日本語が漢字と出会い、日本語を書くための文字として使用した例であり、**5世紀半ば過ぎ頃にはそれができはじめていた**ことを示す。

漢字はもともと中国語をあらわすための文字、中国語用の文字として生まれています。中国語と日本語とは異なる言語です。どのような音を使うか、ということからどのような語彙を使うかということまで、さまざまに違いがあります。日本語からみれば、外国語のための文字ですから、その漢字によって日本語を文字化しようとすると、中国語ほどうまくいかないことが当然あります。そういうことをいわば「乗り越えて」漢字を使って日本語を文字化するまでを「試行錯誤」の時期とみるならば、そうした「試行錯誤」の時期はどのくらいあったのでしょうか。

日本語の助詞は中国語にはない品詞です。助詞の「テ」を漢字「而」で文字化するのは「工夫」といってよいでしょう。日本語の敬語も中国語にはないので、漢字で書きにくいのですが、法隆寺金堂薬師如来像の光背銘《こうはいめい》（六〇六年）では「大御」で「オホミ」を文字化していると思われます。

削った木片の表面に字を書いた（七世紀後半

## 法隆寺金堂薬師如来像の光背銘

この時期になると、日本語を漢字によって文字化することが次第に浸透してきている様相がうかがわれる。

**光背銘の工夫された表記方法例**

- 助詞「ト」を「与」、助詞「テ」を「而」であらわす
- 尊敬の接頭語「オホミ」を「大御」であらわす
- 尊敬の補助動詞「タマフ」を「賜」であらわす

point

**「日本語を漢字であらわす」**
**進化した表記方法**

中国語にはない、**日本語特有の言語要素を文字化している**ことに注目。

### 広がる「書き方」

東京国立博物館に蔵されている菩薩半跏（ぼさつはんか）像の銘文（606年頃製作か）でも「おつくり申し上げる」の意を「作奉」と刻み、「奉」を謙譲語として使用。このような「書き方」が広まっていたと考えられる。

以降につくられたと推測されている）木簡が出土しています。当時の人が書いた字を具体的に見ることができる木簡からは、いろいろなことがわかります。歌を書いたと思われる木簡や中国の『文選《もんぜん》』の一節を書いた木簡も出土しており、当時の人の生活を想像する手がかりになります。中国では紙の発明とともに、木簡に相当する竹簡が使われなくなったと考えられていますが、日本では紙と木簡とが並行して使われていました。

### 木簡に記された「歌」

難波宮（645-？）跡からは「皮留久佐乃皮斯米」と書かれた木簡が出土しているが、これは「春草のはじめ」というような歌の一部を書いたものと推測されており、7世紀の半ば過ぎにはすでに歌をこのように書いていたと思われる。次の時代へとつながっていく「表記の広がり」を感じる例である。

## 木簡

木片に文字を記した「木簡」が使用された。

文書木簡
官司や家政機関での命令、報告、上申などの伝達用の文書や記録のための帳簿類やメモなどとして使われた。
使い終わった木簡は表面を削って再利用。この削り屑にあたるものも出土している
文字の練習である「習書」や落書きに使われた木簡もある。
付け札木簡
輸送する物品につける荷札や、物品を整理するための付け札として使われた。

### Point 木簡の価値

『古事記』『日本書紀』は8世紀にはできあがっていたと考えられているが、残っているのは後世に写されたものであり、その頃に書かれたものではない。しかしその頃につくられた木簡は出土しており、**実際にどのような文字が書かれていたかということが具体的にわかる点が木簡の価値の一つ**といってもよい。

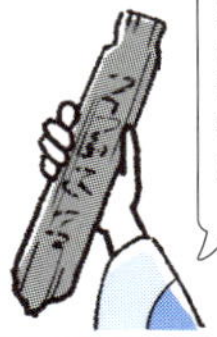
当時の現物あり

コラム

# 木簡の日本語

日本では、木片に文字を書いたものを「木簡」と呼びます。鎌倉時代に書かれたものであっても、木片に書いてあれば、木簡と呼ぶということです。中国では、紙がつくられる以前に、細長い竹に文字を書いていましたが、これは「竹簡」と呼ばれます。

木簡は文字を書くスペースが限られているので、漢字の筆画を省略したり、構成要素の位置を変えたりすることがありました。また、中国において、楷書体の前に使われていた隷書体《れいしょたい》にちかい書体で書かれている木簡もあります。

長屋王の邸宅跡から出土した木簡には「加須津毛瓜」「醤津毛瓜」「醤津毛名我」「加須津毛韓奈須比」と記されているものがありました。それぞれ、粕漬けのウリ、醤《ひしお》漬けのウリ、ミョウガ、粕漬けのナスをあらわしていると思われ、そうした食物がその頃にあったことがわかります。

「カスツケ」という和語を文字化するにあたって、「カ」「ス」にはそれぞれ「加」「須」を使っています。これは漢字の「音《おん》」を使っているので、「音仮名」です。一方「ツ」「ケ」には「津」「毛」を使っています。これは漢字の「訓」を使っているので、「訓仮名」です。『万葉集』に収められている和歌を文字化するにあたっても、「音仮名」「訓仮名」が使われています。その際、「音仮名」と「訓仮名」とを混ぜて使う「音訓交用表記」がされることは少ないのですが、木簡にはそうした「音訓交用表記」がみられます。

木簡2200号は、尾張国知多郡「須佐里」からの荷札に付けられていた木簡で、「丹比部百嶋」と書かれています。その「部」が旁《つく》りのみです。「嶋」も「山」の部分が少し上側に書かれているようにみえます。荷札に使う木簡は下部を削って尖らせていることが多いのですが、狭いスペースに漢字を書くために、いろいろな「工夫」がされます。旁りのみの「部」から平仮名の「へ」が生まれたと考えられています。ほとんどの平仮名は漢字全体の形を変形させてできあがっていますが、「へ」だけは漢字の「部分」から生まれたことになります。

木簡2824号は、まず「能登郷」と大きく書かれ、その下を二行に分けています。木簡は、その形状と書く内容とに応じて、どのように書くかという「レイアウト」が工夫されることもあります。2200号、2824号、どちらも漢字が楷書体ではなく、行草書体で書かれていることにも注目してください。

木簡356号には、天平十八年、木簡2248号には、養老二年という年紀が記されています。天平十八年は西暦七四六年、養老二年は西暦七一八年で、こちらはちょうど『古事記』『日本書紀』が書かれた頃の木簡ということになります。

平城宮木簡2200号

平城宮木簡2824号

平城宮木簡356号

平城宮木簡2248号

2200号・356号は木簡庫＊、2824号・2248号は木簡庫（https://mokkanko.nabunken.go.jp/ja/6AAFJG33000014, https://mokkanko.nabunken.go.jp/ja/6AACVS14000078）より

コラム

# 中国の漢字について

現在わかっている、もっとも古いと思われる漢字は、実在したことが確認できている中国最古の王朝、殷《いん》の終わり（紀元前一三〇〇年頃から紀元前一〇〇〇年）頃に使われていたと思われる「甲骨文字」です。殷では、日常生活のすべてが神の託宣をふまえて行なわれていたと推測されており、その神の託宣を卜《うらな》いによってうかがっていました。卜いには牛などの獣の骨やカメの甲羅が使われていました。卜ったあとで、誰が何を卜ったかとか、王様はどのように判断したか、などを記録したのですが、その記録に使われた文字が甲骨文字です。

甲骨文字の次には、青銅器などに刻まれた「金文《きんぶん》」が生まれ、次には「篆書《てんしょ》」が生まれ、そこから「隷《れい》書《しょ》」が生まれ、「隷書」から「草書」と「行書」が生まれ、最後に「楷書」が生まれたというのが中国における漢字の歴史です。

日本では、楷書を崩したものが行書、行書をさらに崩したものが草書、ととらえることが多いですが、中国で楷書が生まれたのは初唐の頃です。七世紀末頃に出土している木簡の中には漢字が隷書的に書かれているものもありますが、多くは楷書にちかく書かれています。そのことからすると、日本人が最初に目にした漢字は隷書、楷書で書かれていた可能性がたかいでしょう。

鹿児島県広田遺跡出土　貝札
鹿児島県歴史資料センター黎明館所蔵（※）

上の写真は20頁で示した「貝札」ですが、これに刻まれた「山」

※今野真二『図説　日本の文字』河出書房新社、2017年より引用

も隷書風といえます（この「山」は、文字として認定することができるかどうか難しいのですが）。

奈良時代に書かれた『万葉集』は現在残っていないので、どのような漢字が書かれていたかはわかりません。隷書？　楷書？　などと想像するのは楽しいかもしれません。中国では現在は「簡体字」を使っていますね。例えば「ヒコウキ」（飛行機）は「飞机」で、「飞」が「飛」の簡体字です。

高い文化をもっていた中国の周辺の国には漢字が伝わり、漢字に似た文字をつくり出した国が少なくありません。西夏《せいか》文字、女真《じょしん》文字は漢字のような形をした文字です。日本も最初は漢字をそのまま使っていましたが、漢字から平仮名、片仮名を生み出し、それ以降は漢字とともに仮名を使っています。

中国語では漢字を「形・音・義」の三つの要素からできあがっているととらえます。「形」は字の形、「音」は発音、「義」はその漢字があらわしている中国語の語義ですね。この三要素のうち、日本語と中国語で使われている漢字を比べてみると、ほとんど同じなのが「形」、少し異なることがあるのが「義」、大きく異なるのが「音」です。

中国語と日本語とは異なる言語なので、そもそも音節の構造が異なります。中国語の音節は「声母《せいぼ》」と呼ばれる頭子音、声母に続く「韻母《いんぼ》」と呼ばれる部分からできていて、「韻母」をさらに「介音＋主母音＋尾音」と分けることもあります。そして、「声《せい》調《ちょう》」と呼ばれる、音の高低によるアクセントがあります。現在の北京付近の中国語ではこのアクセントが四つあり、「四声《しせい》」と呼ばれています。音節の発音がまったく同じでも、アクセント＝声調が異なれば、別の語です。同じ「ma」という発音でも高く平らにのばす第一声であれば〈おかあさん〉という意味の語、高いところから急に下げる第四声なら〈叱る〉という語、低く抑えるような第三声なら〈馬〉という語になります。

この「声調」は日本に漢字が伝わった時に受け継がれませんでした。その結果、日本語の語彙体系内で使っている漢語に同音異義語が多くなったとみることができます。似ているけれども異なる面もいろいろあるのが、中国の漢字と日本の漢字です。

### 漢字で書く日本語

# 『古事記』と『日本書紀』

漢字を使って文字化するのであれば、漢字を表意的に使うことが自然です。『古事記』（七一二年成立）もそうした文字化を基調としながら、必要に応じて、漢字を表音的に使っています。「オノゴロ」（淤能碁呂）島のような地名や、「イザナキ」（伊耶那岐）のような神名は、語形が大事なので、表音的に文字化されます。

冒頭にちかい箇所で、国となるべきもの全体の形が定まらない状態を「クラゲナスタダヨヘル」（クラゲのように漂っている）と表現しているくだりがあります。この箇所は「久羅下那州多陀用弊流」と、漢字を表音的に使って文字化されています。こうした表現は中国語、すなわち漢文では表現しにくかったのでしょう。

『古事記』を読みながら、漢文という中国語の「かきことば」のフォーマットからどうやって離れていこうとしているかを想像するのも楽しい

## 『古事記』編纂者の意図

『古事記』は、建国にまつわる事柄と神武～推古天皇に至る間の伝説を記した現存最古の歴史書である。

『古事記』序文には、漢字・漢文で日本語を記すときの難点や工夫について述べられている。

**大意：**
古い時代の言葉や心は素朴なので、文字であらわすことは難しい。「訓」で述べようとすると言葉が心においつかず、「音」で連ねようとすると冗長になってしまう。よって句の中に音訓を交えたり訓だけで記したところもある。

『古事記』編纂者
太 安万侶《おおのやすまろ》
（？～723）

上古之時、言意並朴、敷文構句、於字即難。已因訓述者、詞不逮心、全以音連者、事趣更長。是以今、或一句之中、交用音訓、或一事之内、全以訓録。
（『古事記』序文）

**Point**

**ここまで来た！「漢字で日本語を表す」ことの到達点**

鉄剣・鉄刀に文字がきざまれた5世紀半ば過ぎ頃（➡21頁）から8世紀までの250年間、日本語を漢字によって文字化するという試みは、**『古事記』『日本書紀』『万葉集』という3つのテキストによって大成された**、とみることができる。

### 「注」を付して読み方をフォロー

宇比地迩上神、次妹須比智迩去神（此二神／名以音）

傍線部は『古事記』本文中に細字双行で記された注であり、意味は「この二神の名は『音』を用いよ」。よって、「宇比地迩」と「須比智迩」は表音的に読んで「ウヒヂニ」「スヒヂニ」となる。➡11頁例1

※小書きの「上」「去」は、直前の漢字「迩」を上声（じょうしょう）、去声（きょしょう）で発音することを示している。

かもしれません。

『古事記』の「漢文」の背後に「日本語」の存在がみえることと対照的に、『日本書紀』（七二〇年成立）の「漢文」はいわばあまり隙のないものであるために背後にある日本語が想像しにくいかもしれません。『日本書紀』についての研究もずっと続けられてきていますが、江戸時代には、「和習《わしゅう》」があることもわかってきました。『日本書紀』が日本語でつくられた歌謡を含んでいることからすれば、全体を「日本の文献」とみるのが自然だと思われます。その歌謡部分の漢字の使い方が、中国語の発音を理解したうえで使っている巻（α群）とそうではなさそうな巻（β群）とに分かれることがわかっています。

見かけ上は隙のない「漢文」であっても、漢字の使い方を詳しく観察することによって、書き手が二つに分かれていたことがわかる、ということはおもしろいですね。

『古事記』『日本書紀』がつくられた八世紀頃には、中国語＝漢語や漢字についての理解も深まっていっていると推測できます。

## 『日本書紀』は「誰」が書いた？

『日本書紀』は『古事記』と同様、天武天皇の発意によって編纂が行なわれた歴史書である。書き手が大きく2グループに分かれることがわかっている。

一～十三、二十二、二十三、二十八、二十九巻執筆
十四～二十一、二十四～二十七巻執筆

**β群担当**
文章に「和習」（日本語的な要素）が見られ、日本漢字音によって漢字の仮名表記が行なわれる。α群とは異なる人々によって書かれたと推定される。

**α群担当**
中国原音（唐代の北方音）に基づいて漢字の仮名表記が行なわれている。中国語を母語とした人々によって書かれたと推定される。

Point

**「使い分け」が意味するもの**

一人の人が『日本書紀』をすべて書いたのではなく、（おそらく）**母語の異なる人々が協力して書いた**ことがわかる。

**α群・β群の文字の使い方の例**

| 日本語の音 | α群での用字 | β群での用字 |
|---|---|---|
| ヤ | 耶 | 椰 |
| ク | 矩 | 区 |
| モ | 謀 | 茂 |

# 漢字で書く和歌 『万葉集』の日本語

『万葉集』には漢字を表意的に使って文字化された和歌、漢字を表音的に使って文字化された和歌が収められています。また、漢字を表意的に使いながらも、助詞・助動詞やオノマトペ的な語など、表意的には文字化しにくい語を表音的に文字化している和歌が少なからずあります。

したがって、『万葉集』を全体的にみるならば、漢字を表意的に使うことを基調としながら、適宜表音的に使って、日本語を文字化しているとみるのがよいでしょう。これは現代日本語の文字化に通じるものとみることができます。つまり、『万葉集』が文字化された時に、すでに日本語の文字化のしかたの「道筋」はだいたい定まっていたことになります。

『万葉集』には助動詞「ツル」と助詞「カモ」が連続した「ツルカモ」を「鶴鴨」と文字化した箇所があります。あるいは「イブセクモアル

## 『万葉集』の日本語

漢字で和歌を書いた『万葉集』。

**『万葉集』の構成**

第一部（15巻）
- ・持統万葉　・元明万葉

第二部（1巻）

第三部（4巻）
- ・大伴家持の歌日記

合計20巻

新年乃始乃波都波流能
家布敷流由伎能伊夜之家餘其騰
新しき年《とし》のはじめの初春の
今日降る雪のいやしけ吉事《よごと》
（『万葉集』巻二十・四五一六番歌）

4516番歌のうち、傍線部（トシに年、ハジメに始をあてる）が正訓字用法、点線部が仮名用法。

**Point**

**『万葉集』の日本語の年代**

つくられた年時がわかる和歌でもっとも新しいものは、巻20の末尾4516番、大伴家持の歌であり759年と考えられている。**『万葉集』を構成しているのは8世紀の日本語と見なすことができる。**

### 『万葉集』のことば

『万葉集』を読んでいくと、現代日本語でも使っている語もたくさんある。その一方で、〈ひきがえるのような大型のカエル〉を表していると考えられる「タニグク」、〈雉〉（きじ）を表していると考えられる「キギシ」、〈カイツブリ〉（水鳥の一種）を表していると考えられる「ニホドリ」など、現代日本語では使われていない語もたくさん見つかる。

タニ（谷）で「グク」と鳴いているのが「タニグク」かもしれない。

多邇具久《たにぐく》

カ」（＝鬱々《うつうつ》とするなあ）を「馬声蜂音石花蜘蟵荒鹿」と文字化している箇所があります。馬の鳴き声を「インイン」または「イイン」、蜂の羽音を「ブンブン」と聞いていたのでしょう。「石花」は「セ」と呼ばれていた、現在カメノテと呼ばれているイソギンチャクの仲間です。「蜘蟵」は現在であれば「蜘蛛」と書きますね。つまりここでは「動物の名前で揃えてみました」というコンセプトで文字化がされていて、書き手の余裕が感じられますね。

### 漢字の本来の用法

もともと中国語を表すためのものであった漢字は、１字が１語を表す「表語文字」である。中国語では、「柳」は「しだれやなぎ」、「楊」は「かわやなぎ」を表す。

かわやなぎ　しだれやなぎ

柳＝しだれやなぎ
楊＝かわやなぎ

## 『万葉集』で「ヤナギ」をあらわす方法

中国語をあらわすための漢字を使って、どうやって日本語を記したのか。

### 表意文字

「ヤナギ」には、「柳」「楊」字のどちらも使われている。一つの日本語に2種類の漢字が使われている。

ヤナギ → 柳
ヤナギ → 楊

### 表音文字（万葉仮名）

「ヤナギ」は、「也奈宜」とも文字化されている。漢字が備えている意味（字義）は使わずに発音を使って文字化する。

ヤナギ → 也奈宜

**Point**

**「意」（いみ）を表す文字**

上のような使い方は、日本語を漢字を使って文字化する際に自然に用いられたと考えられる。このようなものを「表意文字」と呼ぶ。

**Point**

**万葉仮名とは？**

万葉仮名という「仮名」があるのではなく、仮名のように漢字を使った場合をそう呼ぶ。

コラム

# 表語・表意・表音

この本の中で使っていく「表語」「表意」「表音」ということばについて説明をしておきたいと思います。

まず「語」というものがあって、その「語」をあらわす「文字」があると考えることにしましょう。「語」って何？　という問いもありそうですが、「語」を定義することは案外難しいので、「きれめのないひとまとまりのものを語と呼ぶ」ぐらいにゆるやかに考えておくことにしましょう。

「文字」には一字で「語」をあらわす「表語文字」と、幾つかの文字が並んで「語」をあらわす「表音文字」とがあります。「表語文字」の代表は、中国語を書くために使われる漢字です。例えば「山」という漢字は、この一字で〈やま〉という意味をもつ中国語をあらわしていますし、「谷」という漢字は、この一字で〈たに〉という意味をもつ中国語をあらわしています。一字で一語をあらわしているので、この場合の「山」「谷」は表語文字としてはたらいていることになります。

日本語をあらわすための仮名は九世紀末ぐらいから使われるようになりました。仮名は日本語の音節に対応しています。「や・ヤ」という仮名は［ヤ］という音節（発音）に、「ま・マ」という仮名は［マ］という音節（発音）に対応しています。「や・ヤ」「ま・マ」は語ではなく、音節に対応していて、「やま・ヤマ」と二つ並ぶことによって〈やま〉という意味をもつ日本語をあらわしています。このように、言語の音（音素や音節）と対応して、幾つか並ぶことによって語をあらわす文字を「表音文字」と呼びます。仮名は音節文字ですが、アルファベットは音素文字です。英語であれば、アルファベットを「mountain」と並べることによって、フランス語であればアルファベットを「montagne」と並べることによって、〈やま〉という意味をもつ一つの語をあらわすことができます。

文字の最終目標は語をあらわすことなので、表語文字も表音文字も表語＝語をあらわすことを目指しています。日本語をあらわすにあたって使っている漢字は少し特殊なはたらきをしているようにみえます。例えば、〈谷を流れる川・渓流〉という意味をもつ「タニガワ」という語があります。「タニ」と「カワ」が複合してできていますが、現代日本語を使っている人は、「タニガワ」を二つの語の複合語とみる人よりも、一つの語とみる人のほうが多いのではないでしょうか。今ここでは「タニガワ」を一つの語とみることにしましょう。この「タニガワ」は「谷川」と漢字をあてることがもっとも自然です。この場合、「タニガワ」を一字であらわしていないことになります。漢字「谷」は〈谷を流れる川〉という意味の〈谷〉の部分に対応し、漢字「川」は〈流れる川〉の部分に対応しています。つまり一つの語のある部分にしか対応していません。この本の読者で「タニガワ」という語の意味がわからない人は少ないと思いますので、何を言っているのだ、と思われるかもしれませんが、そういうことなのです。「タニガワ」という語を知らない人は、「谷川」をみて、きっと〈谷〉と〈川〉に関係がある語なのだろうという想像をすることになるでしょう。その想像はあたっているので、それでいいことになりますが、「想像をする」は「だいたいわかる」（わかったような気になれる）ということです。「沙魚」はどうでしょうか。「沙魚」は「ハゼ」をあらわしていることをすでに知っている人は「ハゼ」だとわかりますが、知らない人は「何かの魚だろう」ぐらいしかわからないですね。「何かの魚」は「だいたいわかる」よりもわかってないように思いますが、それでも全然わからないわけではないですね。「だいたい（意味が）わかる」という状態を「意味をある程度喚起している、示唆している」という意味合いで「表意」と呼んでいるのです。「表語」はできていない、しかし「だいたい（意味が）わかる」という段階を「表意」と呼びましょう、ということです。

コラム

# 漢字だけで日本語を書く

九世紀末頃に仮名（平仮名・片仮名）が生まれるまで、日本語を文字化する場合には漢字が使われていました。「漢字だけで日本語を書く」とはそうしたことについてのコラムという意味合いなのですが、現在は仮名と漢字とを使って日本語を文字化しているので、「大変だっただろうな」とか「不便だったでしょうね」と思いをはせてしまいますね。しかし、それはスマートフォンがひろく使われている現代から、固定電話しかなかった時代を振り返るのと同じことで、「有るところから無いところを見る」とそう感じるのが一般的ですが、「無いところ」では、不便とは感じないのではないでしょうか。そのことには注意しておきたいと思います。

漢字だけで日本語が文字化されている文献としてよく知られているのに、『古事記』『日本書紀』『万葉集』があります。これらの文献は八世紀にはできあがっていたと思われるので、これらの文献は八世紀頃の日本語でかたちづくられていることになります。

言語を文字化する、ということのもっとも根源的な理由は「情報」を時空を超えて残す、ということにほぼつきるでしょう。民族や王侯の歴史を残すというような必要性は、まずあったと思われます。話すそばから消えていく「はなしことば」は時間を超えることも、空間を超えることもできません。「はなしことば」が話されている、その場にいる人だけが「はなしことば」を聞いて理解することができるのです。

このことからすれば、「もともとの日本語はこうです」ということがわからなくても、とにかく「情報」が残され、それが伝わればいいことになります。

『日本書紀』は「見た目」はほぼ完全な中国語＝漢文で書かれています。ただし、歌謡部分は、日本語の姿がわかるように書かれています。ほぼ完全な中国語ですが、国語＝漢文で書かれている部分ははっきりとした「姿」をもった日本語、つまり「日本語の原稿」のようなものがあって、それをもとにしているかどうかはわかりません。「日本語の原稿」も結局は中国語＝漢文で書かなければいけないとすれば、その「日本語の原稿」は誰かが暗誦《あんしょう》している「日本語のはなしことば」ということになります。

仮に何らかのかたちで「日本語の原稿」が存在していたとしましょう。その原稿の日本語に対応する「情報」が中国語＝漢文で示すことができればいい、ということです。漢字を使って文字化する、文字化するしかないという状況では、漢字が使われている言語＝中国語に「情報」を翻訳して文字化するということはむしろ自然な選択の一つでしょう。日本語の歌謡は中国語に翻訳できないわけではないですが、翻訳してもしかたがないからそれはやめて、漢字の使い方を変えたということだと思います。俳句を英語に翻訳することはできるけれども、英語に翻訳された俳句は、もとの俳句とはだいぶ異なるものになっていますね。それを「翻訳された俳句」とみることはできますが、どうしても翻訳が前面にでてきますね。

『万葉集』においては、和歌が漢字によって文字化されています。「君待登　吾恋居者　我屋戸之　簾動之　秋風吹」と文字化された、巻第四に収められている四八八番の歌は、「君待つとあが恋をればわがやどの簾《すだれ》動かし秋の風吹く」という日本語を文字化したものと推測されています。助詞の「ト」は漢字の意味をいかしながら文字化することが難しいので、漢字の意味は捨て、音を使って文字化されています。「ウゴカシ」の活用語尾の「シ」には「之」を使っています。その一方で、「フク」は漢字「吹」一字で文字化されています。

「安可登吉尓　名能里奈久奈流　保登等藝須　伊夜米豆良之久　於毛保由流香母」（巻第十八・四〇八四番歌）のように文字化すると、これが「アカトキニナノリナクナル　ホトトギス　イヤメヅラシク　オモホユルカモ」という日本語をあらわしていることはわかりやすくなりますが、今度は意味がわかりにくくなりますね。

# 母はかってパパだった？
# ハ行音の変遷

『万葉集』で「イ」を「馬声」と文字化していることを31頁で紹介しました。現在であれば、馬の鳴き声は「ヒヒン」ですよね。現代日本語の「ヒ」は喉の奥でつくる「喉音」です。しかし、おそらく『万葉集』の頃、八世紀は「ヒ」の発音は「フィ」だったので、馬の鳴き声とは発音が異なっていたのでしょう。今わたしたちが「ヒヒン」と聞きなしている馬の鳴き声は『万葉集』の頃の発音でいえば、「イイン」に近かったのだと考えられています。こんなところにも、ハ行の子音の変化があらわれています。

「ハヒフヘホ」の実際の発音がかつては「ファフィフフェフォ」だったということは、現代人からすれば少しわかりにくいかもしれません。「ハ」という音節はずっと変わらず存在しているのですが、その実際の発音が「ファ」から「ハ」に変化したということです。平仮名はずっと

## ハ行音が[f]の音（両《りょう》唇《しん》音《おん》）だった時代

ハ行音の子音が［f］（両唇音）であったことを示す証拠を「なぞなぞ」にみる。

右下は、日本最古の「なぞなぞ」集にある、なぞなぞである。これは、その語（「母」や「父」）を発音する際に、「くちびる」が何回合わさったか？　という考え方で答えをみちびく。

➡12頁例4・81頁

母には二度あひたれども
父には一度もあはず
答え「くちびる」
（『後奈良院御撰何曽』一五一六年）

**Point**

**「なぞなぞ」が示すこと**

この「なぞなぞ」からは、当時の「母」の発音は「くちびるが二度あふ」両唇音で行なわれていたことがわかる。**「母」は「ファファ」あるいは「ファワ」のように発音されていた**と考えられ、37頁のキリシタン資料からもそのことがわかる。

### 実際に発音してみよう

**スマートフォン（二度）**
**ビートルズ（一度）**
**パパイヤ（二度）**

左の語を発音してみると、（　）の回数だけ「くちびる」が合わさることがわかる。「マ」と「フォ」を比べると、「フォ」は「マ」ほどはっきりと合わさらないが、かなり接近していることがわかる。

「は」なので、その平仮名をどう発音していたか、ということが変化しているということです。

室町時代に来日した宣教師たちは日本人信者と協力していろいろな本を出版しています。それが「キリシタン資料」です（⬇74頁）。キリシタン資料には漢字と仮名とで印刷されている「国字本」とローマ字で印刷されている「ローマ字本」とがあります。最初はイエズス会の宣教師が来日していたのでローマ字はポルトガル式で綴られており、当時の発音がわかります。江戸時代の中頃、十七世紀末頃にはハ行の子音は現在と同じような喉の音である［h］に移行し

### ハ行音の太古の昔の発音？

ハ行音は「ファ・フィ・フ・フェ・フォ」の［f］の音だった。さらに前の時代は、「パ・ピ・プ・ペ・ポ」という［p］の音の発音だったという説がある。この説が正しいとすれば「母」（ハハ）はかつて「パパ」だった…ということになる。

## キリシタン資料にみる「母」の発音

室町時代の日本語をローマ字表記している資料で、ハ行音の発音を確かめる。

室町時代、イエズス会の宣教師が来日してつくった「キリシタン資料」には①漢字と仮名の表記のものと、②ローマ字表記のものがある。

②には『平家物語』やイソップ寓話があり、このローマ字表記から当時の日本語の発音を推測することができる。それを見ると、「母」は「fafa」「faua」と表記されていて、当時は「ファファ」「ファワ」のように発音されていたと推測できる。

### あの有名戦国武将も…

当時の発音では「ファシバフィデヨシ」

キリシタン資料の一つ、ジョアン・ロドリゲスによる『日本大文典』（1604～1608年刊）には人名が少なからず見られる。「太政大臣秀吉」も下記のように表記され、「ひでよし」も当時は「フィデヨシ」と発音されていたことがわかる。

**Daijŏ daijin Fideyoxi**
（『日本大文典』）

### ハ行全体の音

キリシタン資料では、**ハ行音全体もfa・fi・fu・fe・foでつづられておりハ行の子音が［f］であった**ことを示していると思われる。

たと考えられています。

幕末頃に来日していたオールコックの日記には「ハコネ」(箱根)の「ハ」を「fa」と書いている箇所と「ha」と書いている箇所があり、日本語母語話者の発音も揺れていた可能性がありそうです。

日本語のハ行音には西暦一〇〇〇年前後に、もう一つ大きな変化が起こりました。それは一つの語の中=語中にあるハ行音がワ行音になるという変化で「ハ行転呼音《てんこおん》現象」と呼ばれています。「ハ行音がワ行音になる」というと、ずいぶん大きな変化が起こったように感じると思いますが、実際は発音に際して合わせていた唇の合わせ方が緩くなったということです。

ワ行のイは[wi]、ワ行のエは[we]であるはずですが、現代日本語では[wi][we]はア行のイ[i]、ア行のエ[e]と同じ発音になっています。つまりワ行の子音[w]がなくなったことになります。結局ワ行は、語の先頭で使い続けているワ[wa]以外はア行と同じになっています。[f]よりもさらに唇の接近が緩い[w]

## ハ行音が[h]の音(喉音)の時代へ

江戸時代中頃(17世紀末頃)には、ハ行音の子音は[f]から現在の[h](喉音)へと移行したと推定される(ただし、「フ」は現在でも両唇音)。

1695年頃にできたと考えられている『蜆縮涼鼓集』(けんしゅくりょうこしゅう)という資料では、ハ行音を「変喉」の音としており、この時代には発音が変化していたことがわかる。➡14頁例9

Point

**大事なのは音をつくる「場所」**

ハ行音の変遷で注目されるのが、音をつくる場所である。[f]の音を発音するときには両唇によって音がつくられ、現在のハ行音の[h]の音を発音するときは、口の奥の方、喉で音がつくられている。このように**口腔内で子音の音をつくる場所のことを「調音点」(ちょうおんてん)と呼ぶ。**

も使われなくなっているということから、日本語では唇を使う音が次第に使われなくなる傾向があるとみることがあります。

ハ行転呼音現象は一律に起こった現象ですが、鳥の「アヒル」は「アイル」という発音になっていません。これは珍しい例外で、同様の例としては「母」の発音の変遷があげられます。

### 「母」の「歴史」をたどる

「母」の発音は、ハ行転呼音現象で「ファファ」から「ファワ」となった後も「ファファ」が使われており、そうした状態から現在の「ハハ」になった。「母」の語は、結果的にはハ行転呼音現象をくぐり抜けた例外といえる。おそらく、一方に「チチ」（父）という語があったため、同じ仮名（発音）の繰返しである形に揃えるために「ファファ」が使われつづけ、喉の音である「ハハ」に辿りついたのだろうと考えられる。

## ハ行音に生じたもう一つの変化

「コヒ」（恋）は「こい」。語中と語尾のハ行音はワ行で発音するというハ行転呼音現象が起こった。

**平安期有名作家の間にも、発音の世代差が生じていた！？**

英語「river」にあたる現代日本語は「カワ」だが、西暦1000年頃までは「カファ」と発音していた。『土左日記』を書いた紀貫之の生年は870年前後、没年は945年頃。紫式部の生年は970～978年の間、『源氏物語』は西暦1000年を少しすぎた頃にできつつあったことがわかっており、式部は1019年頃までは存命であったと考えられている。生年に100年ほど隔たりがある二人。紀貫之は「カファ」と発音し、紫式部は「カワ」と発音していた可能性が高い、と言える。

Point

**「ファ」と「ワ」とは案外近い発音**

「ファ」よりも唇を離すと「ワ」の発音になる。2つの発音は案外近いともいえる。

コラム

# 上代特殊仮名遣《じょうだいとくしゅかなづかい》

江戸時代の国学者である本居宣長《もとおりのりなが》は、『古事記伝』巻一「仮字《かな》の事」において、『古事記』の中で、漢字を表音的に使って文字化するにあたって、使い方に二つのグループがあることを指摘しました。「二つのグループ」とは、例えば、名詞の「コ」（子）は「古」「故」「固」などで文字化され、代名詞の「コ」（此）（現代日本語でいえば「コノ」「コレ」などの「コ」）は「許」「虚」「挙」などで文字化されるといったように、語Xは必ずAグループの漢字で文字化され、語Xと現代日本語では同じ発音である語Yは必ずBグループの漢字で文字化されるということです。必ずそうであるということは、文字化した人の好みなどということではなく、明確な違いがあったからだと考えると、その「明確な違い」は発音以外には考えにくいところから、AグループとBグループとは発音が異なると考えられるようになりました。上の例でいえば、名詞の「コ」（子）と代名詞の「コ」（此）とは現代日本語では同じ発音ですが、古代日本語においては発音が異なっていたということになります。

宣長の指摘を受け、宣長の門人の石塚龍麻呂《いしづかたつまろ》は『古事記』だけではなく、『日本書紀』『万葉集』についても調べて、『仮字遣奥山路《かなづかいおくのやまじ》』をあらわしました。しかしこの本は出版されませんでした。平田篤《ひらたあつ》胤《たね》の門人で篤胤死去後には八木美穂《やぎよしほ》に師事した草鹿《くさか》砥宣隆《どのぶたか》（一八一八～一八六九）は『古言別音抄《こげんべつおんしょう》』をあらわしましたが、これも出版にはいたりませんでした。

明治の末に橋本進吉《はしもとしんきち》はこれらの本を読み、自身での調査を行ない、二つのグループに分かれる音節がキギヒビミケゲヘベメコゴソゾトドノヨロ（『古事記』ではモも）であることを確定し、具体的な発音がどうであるかも推測しました。宣長は当初は二つのグループは発音が違うと推測していたようですが、最終的にはそのようには述べていません。

前に示した二つのグループに分かれる音節はすべてイ段、エ段、オ段です。ここから、このイ段、エ段、オ段にはかつて母音が二種類あったという「みかた」が生まれます。そうだとすると、古代日本語においては、母音が八つあったことになり、そういう「みかた」を「八母音説」と呼びます。しかし、イ段、エ段、オ段に母音が二種類あったのであれば、前に掲げた以外にも二つに分かれる音節が存在しなければならず、特にア行のイ・エ・オが二つに分かれないことを説明する必要があると思われます。

発音が異なるという「みかた」からすれば、漢字の使い方が二つのグループに分かれるのは「仮名遣」ではないので、「上代特殊仮名遣」という名称がふさわしくない、と主張されていた時期がありました。現在では、発音が異なるということそのものが再検討されています。発音が異なるのではなかった場合、上代特殊仮名遣はやはり仮名遣だったという日が来るかもしれません。

『古事記』『日本書紀』『万葉集』で漢字がどのように使われているかという観察は「具体」の観察で、それを精密にしなければ過去の日本語についてしっかりと考えることはできません。しかしその一方で、古代日本語の音が全体としてどのような体系をなしていたかという「抽象」にも目を配る必要があります。具体的な観察と体系を考える抽象的、理論的な「みかた」とがバランスよく組み合わせられた時に、妥当な推測が行なわれるといっていいでしょう。

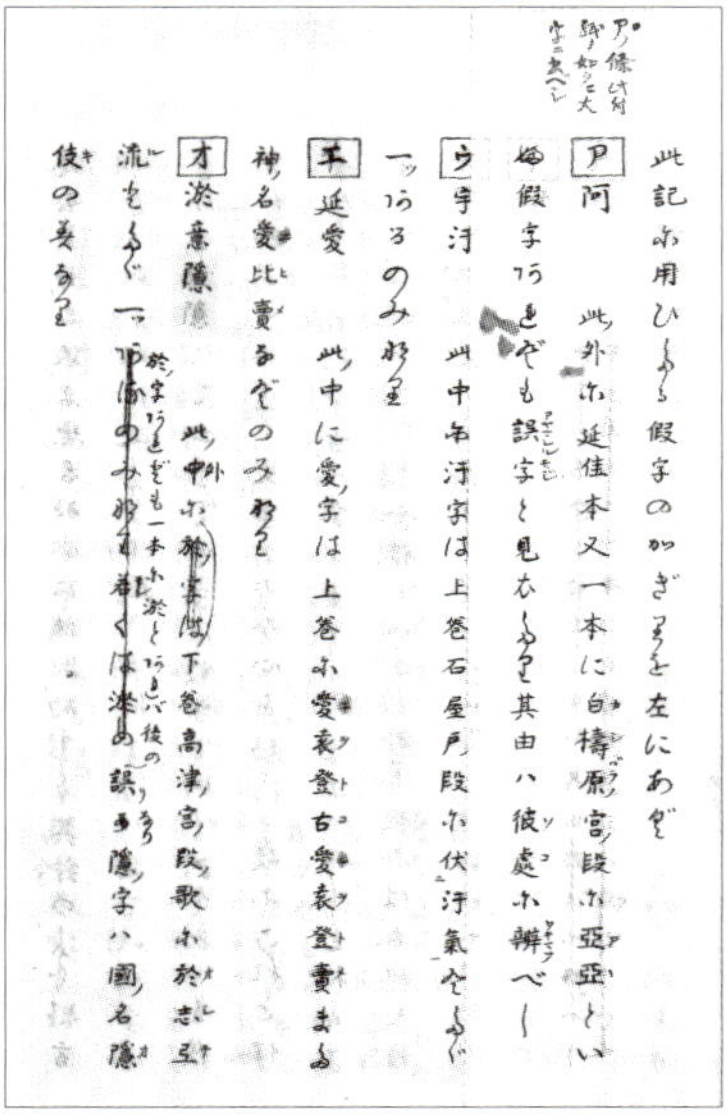

稿本『古事記伝』巻一「仮字の事」国立国会図書館所蔵＊＊

語頭NGと長音の識別

# 古代日本語の音

古代の日本語ではいわゆる「濁音」から始まる語はなかったと推測されています。そういう規則の言語だっただろうということです。

語は「音の並び」ですから、語の先頭に位置することができない音はその言語の中で「働いていない」といってもいいことになります。「働いていない」はその言語の音として認められていないといってもいいかもしれません。

日本語は中国語と接触して、多くの中国語を借りて使っています。日本語と中国語とは異なる言語なので、使っている音も異なります。中国語には濁音から始まる語があるので、そうした中国語を借りるとなると、広い意味合いでは日本語の中に濁音から始まる語が存在することになります。そんなこともあって、濁音から始まる語が絶対にない、ということではなくなっていくのですが、濁音から始まる語があまりな

## 「ダマ」と「タマ」

濁音が語頭にくる語と、清音が語頭にくる語の、イメージを比べてみよう。

小麦粉を水で溶いても、うまく溶けないときにできる「ダマ」
うつくしい真珠（玉（タマ））
玉（タマ）のようにかわいい子

Point

**現代人にも脈々と受け継がれる語頭イメージ？**

**濁音が語頭にくると、語のイメージがなんだか悪くなる。**古代日本語の感覚が、私たちにも受け継がれているのか…？

いことにはかわりありません。

現代日本語でいえば、濁音から始まる語の多くは漢語か外来語です。

そうなると、濁音から始まる語が特別な、しかもマイナス的な感じを帯びてくることになります。「ざまあみろ」の「ザマ」は「サマ」（様）ですし、「がらがわるい」の「ガラ」は「カラ」（柄）です。

濁音と同じように、古代の日本語ではラ行音から始まる語がなかったと推測されています。

さて、「オジサン」と「オジーサン」、「オバサン」と「オバーサン」は「ー」のある位置の長音があるかないかによって、語の意味が変わります。言い換えれば、長音の有無によって、別の語になるということです。

こういう語のペアは、現代日本語に他にあるでしょうか。実はほとんどないのです。「オジサン」はもともとは「オジ」、「オジーサン」はもともとは「ジジ」だったので、その時にはペアではなかったことになります。

## 「オジサン」と「オジーサン」

長音の有無によって意味が変わる「ペア」を見てみよう。

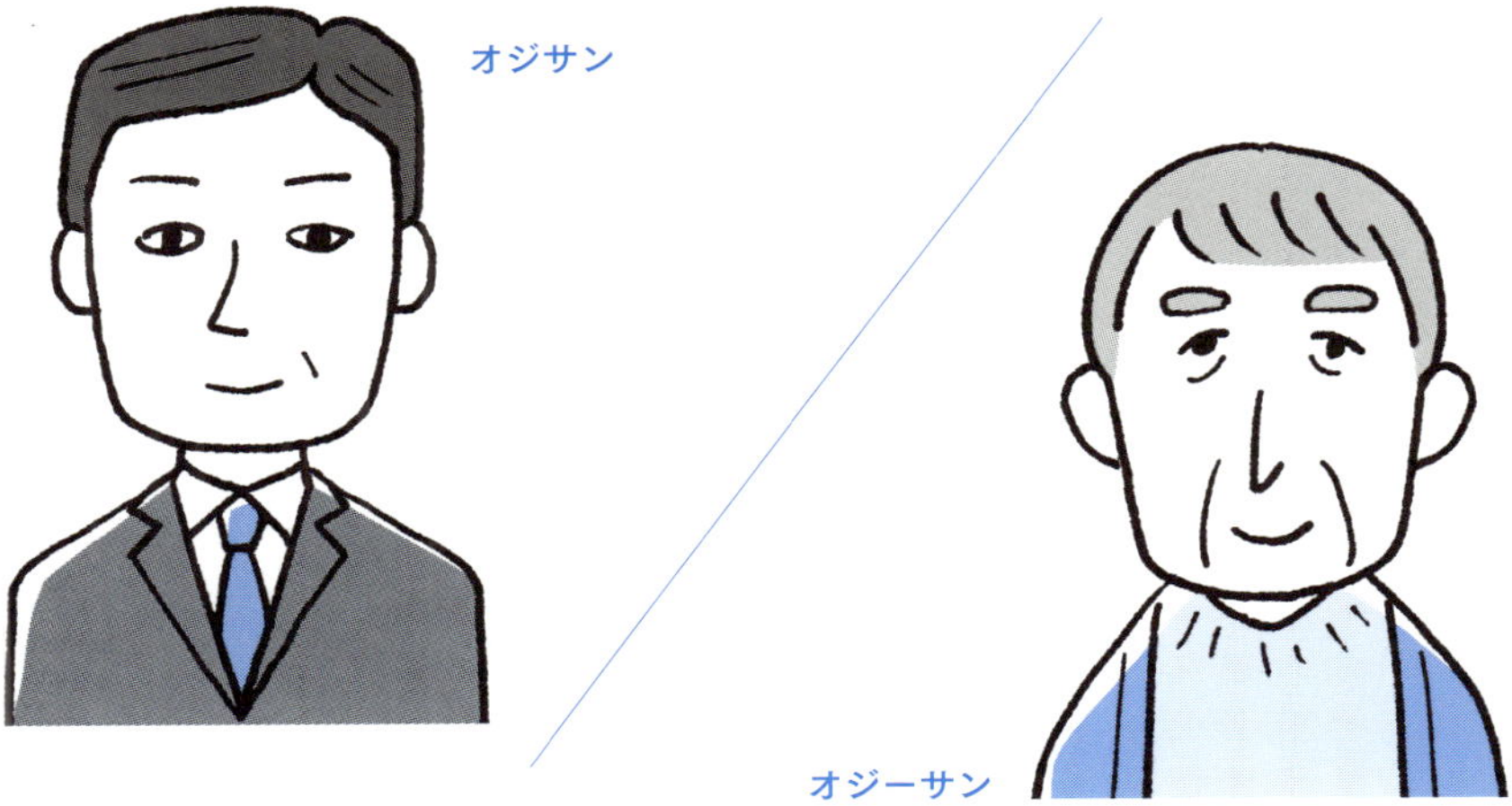


Point

**古代日本語にはない「ペア」**

現代語では長音（ー）で意味の区別が行なわれる「ペア」の単語だが、本来の日本語（古代語）にはこのようなペアはなく、**長音が語の識別に使われることはなかった**と考えられる。

コラム

# 日本語の拍《はく》

吹き起こる秋風鶴を歩ましむ　石田波郷《いしだはきょう》
朝焼《あさやけ》や杏《はる》かに過《す》ぎしものの声《こえ》　山田みづえ

俳句作品を二つあげてみました。これを使って、日本語の「拍」について説明してみたいと思います。俳句は「五七五」だというとき、この「五七五」は何の数なのでしょうか。例えば「ふきおこる・あきかぜつるを・あゆましむ」「あさやけや・はるかにすぎし・もののこえ」と二つの句をすべて平仮名にしてみると、ともに平仮名が「五・七・五」と並んでいることがわかります。では平仮名の数なのでしょうか。一つ目の「秋風」は「しゅうふう」と読むのだという人もいます。「しゅうふうつるを」だと平仮名が八になります。では声に出してみるとどうでしょうか。「あきかぜつるを」でも「しゅうふうつるを」でもなめらかさは変わらないのではないでしょうか。

俳句をつくる時に「五七五」になっているかどうかを指を折って数えたりしませんか。そうやって指を折ってみると「あきかぜつるを」も「しゅうふうつるを」もともに七になりませんか。「しゅうふうつるを」を片仮名で書いてみると「シューフーツルヲ」となります。「ー」は「伸ばす音＝長音」をあらわしていますね。つまり「シューフーツルヲ」というひとまとまりの中には長音が二つ入っているのです。「シュ」は「拗音《ようおん》」と呼ばれる音で、「シ」と小さく書いた「ュ」とを合わせて書きますが、小さく書いた「ュ」は大きく書いた「ユ」と同じようには発音しませんね。この小さく書いた「ュ」は符号のようなもので、「シュ」が「syu」という特別な発音をあらわしていることを示しています。仮名が二つあるようにみえますが、そうではないということです。仮名は日本語を文字化するための文字として九世紀末頃生まれましたが、仮名一字で文字化できない拗音はもともとは日本語にはなかった音です。

拗音「シュ」も一、二つある長音もそれぞれ一、「フ」「ツ」「ル」「ヲ」も一と数えると、全体が七になります。このように数える「単位」が「拍」です。俳句の「五七五」は「拍」の数だったということになります。

英語などの言語では、「拍」ではなく「音節」という単位を使って言語の音をとらえます。「音節」を定義するのは難しいのですが、「母音の前後に子音がついたひとまとまりの音」ぐらいに考えてください。「シューフー」の中には「シュ」の［u］と「フ」の［u］と、母音は二つしか含まれていません。ですから「シューフー」は「拍」で数えると四拍ですが、「音節」で数えると二音節ということになります。

早春《そうしゅん》の見《み》えぬもの降《ふ》る雑木山《ぞうきやま》　山田みづえ

鵲《かささぎ》のカスタネットや明易《あけやす》し　山田みづえ

右の句は、「そうしゅんの」で五になっているし、「カスタネット」も六になっています。「そうしゅん」の「ん」も仮名ではなく符号です。そして「カスタネット」の小さく書く「ツ」も符号で、それぞれ「撥音《はつおん》」、「促音《そくおん》」と呼ばれる音がそこにあることをあらわしています。撥音のある箇所に「ん・ン」を、「促音」のある箇所には小さな「つ・ツ」を書くというのはいわば「ルール」ですから、自然にそうした「ルール」ができあがるまでには時間がかかります。

先に述べた「長音」と「撥音」「促音」は少し特殊な音《おと》です。例えば、「促音」は実際には音がでていませんし、「長音」は直前の母音を一拍分伸ばしている音です。直前の母音を伸ばすので、「アの長音」「イの長音」「ウの長音」「エの長音」「オの長音」と、実際には五種類の長音があることになります。そして、これら「長音・撥音・促音」から始まる語はありません。

日本語以外の言語では、長母音と短母音の区別がない言語が少なからずあります。「長母音と短母音の区別がない」というのは、母音をのばすかのばさないかで違う語になるかどうかということです。

## 感覚で楽しむ日本語
# オノマトペ

「擬声語」「擬音語」「擬態語」をまとめて「オノマトペ」と呼ぶことがあります。「擬態語」にはそうでないものもありますが、オノマトペは具体的な音に基づいてできあがった語といえるでしょう。

動物や虫、鳥の鳴き声は「一続きの音」といってもいいと思います。その続いている音を鳴き声としてとらえるということは、続いている音のどこかをひとまとまりとしてとらえるということでもあります。そしてそのひとまとまりを、その言語で使っている音に合わせる。どこで切らないといけないということはないので、特徴のあるまとまりを鳴き声とみなすということですね。

つながっている音を分けるということを「分節する」といいますが、「分節」は言語にとって重要なことです。初めて接する言語は語の切れ

## 平安時代の「クツクツボウシ」

人間が「音」を聞いて、言語に落とし込む。これを「聞きなし」と呼ぶことがある。

くつくつぼうし、いとかしがましきまで鳴く
（『蜻蛉日記』）
クツクツボーシ

『蜻蛉日記』(974年以降成立)では、「ツクツクボウシ」は「クツクツボウシ」と文字化されている。『和名類聚抄』(わみょうるいじゅしょう)という辞書(934年頃成)には「久豆久豆保宇之」(クツクツホウシ)という和名がみられる。➡57頁

Point

**「クツクツ」か「ツクツク」か**

ひと続きのセミの鳴き声の**どこからどこまでを切り取るかによって、「聞きなし」がかわる。**

目がわからないですね。それは分節ができないということです。

## 『源氏物語』のオノマトペ

『源氏物語』には柏木と女三宮の出会いに猫が登場する。

柏木

「ねうねう」といとろうたげに鳴けば
（『源氏物語』若菜下）

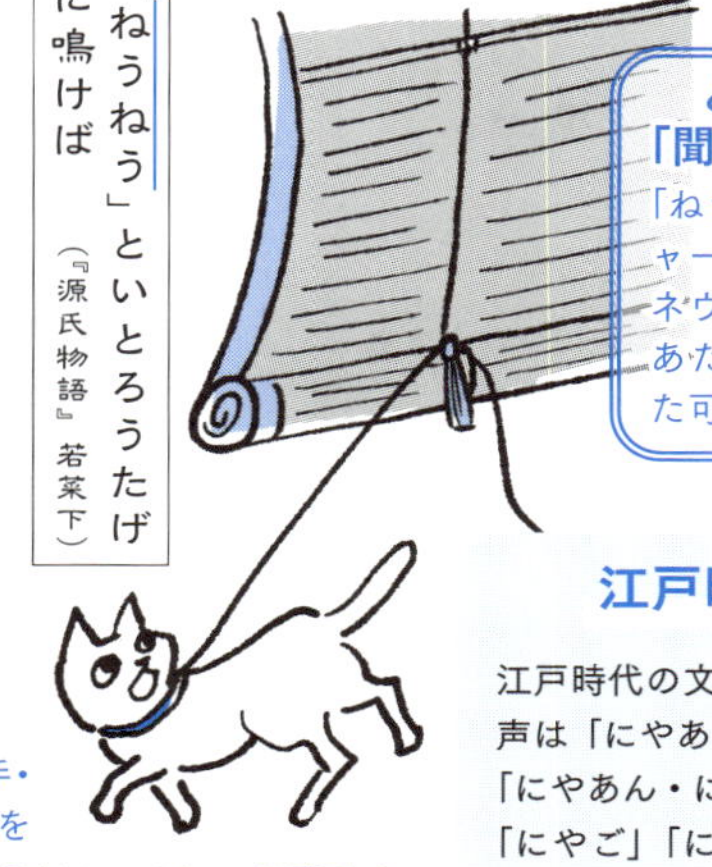

『源氏物語』の柏木は、横恋慕の相手・女三宮の猫を入手し、その鳴き声を「ネウネウ」と聞く。「ねう」には「寝う」（寝よう）という意味もかけてあるという「みかた」もある。

**Point**
**どのように「聞きなす」か？**
「ねうねう」は、「ニャーニャー」「ネウネウ」「ネーネー」あたりの音を書いた可能性がある。

### 江戸時代の猫

江戸時代の文献では、猫の鳴き声は「にやあにやあ」「にやあ」「にやあん・にやあんにやあん」「にやご」「にやぐ」など、バラエティ豊かに記されている。

## 名俳人のオノマトペ

「東の芭蕉・西の鬼貫」と称された二人。オノマトペでも良い勝負。

上島鬼貫《うえじまおにつら》
（1661〜1738）

によつぽりと秋の空なる富士の山

梅が香にのつと日の出る山路かな

松尾芭蕉
（1644〜1694）

**Point**
**オノマトペは感覚で楽しもう**
擬態語には、現代語訳が難しいものもある。しかし、言いたいことの雰囲気は何だか伝わるという、**時代を超えて共感できる、オノマトペの面白さ。**

### 偉大な師のオノマトペ模倣？

向井去来（むかいきょらい）の『旅寝論』（たびねろん）（1699年成）に、芭蕉の弟子の宝井其角（たからいきかく）（1661〜1707）の言葉として、「芭蕉の『ノット』は誠の『ノット』だが、門人の『キット』や『スット』は「キット』も『スット』もしないでだめだ」と記されている。師がユニークなオノマトペを使ったので、弟子の間でも創作が流行ったのだろうか。

コラム

# こんなところにも　オノマトペが！

春先にはモンシロチョウ、夏が近づくとアゲハチョウが飛ぶ姿を見かけます。「チョウ」（蝶）は漢語です。しかし日本にも蝶はいたでしょうから、日本語＝和語があるはずです。本書56頁で紹介した『新撰《しんせん》字鏡《じきょう》』は「蝶」を見出しにして、「加波比良古」（カハヒラコ）という和語と結びつけています。この「カハヒラコ」が蝶をあらわす和語であったと思われます。昭和七（一九三二）年に出版された『大言海』は〈川辺にひらひら飛ぶ〉意味だろうと推測しています。日本語は同じ系統と思われる言語がわかっていないため（↓16頁）、語源、語構成を考えるにあたって、結局は日本語をもとに推測するしかありません。「そうだろう」と思う語源説もありますが、「どうだろうか」と思うような説も少なくないです。しかし、この〈川辺にひらひら飛ぶ〉のが「カハヒラコ」という「みかた」はわるくないように思います。

春先に水田や湿地で黄色の小さな花を咲かせるタビラコという植物があります。「カハヒラコ」を「川＋ヒラコ」、「タビラコ」を「田＋ヒラコ」という語構成だとみると、「カハヒラコ」「タビラコ」は似た語構成をしていることになります。「カハヒラコ」が〈川辺をひらひら飛ぶ蝶〉だとすると「タビラコ」は〈田圃をひらひら飛ぶ蝶〉であってもよさそうですが、実際は黄色の小さな花を咲かせる植物です。もし、黄色の小さな蝶のような花を咲かせるから、この植物が「タビラコ」と呼ばれるようになったのだとすると、話の筋がきれいに通ります。どうなのでしょうか。

さて、本書57頁で採りあげた『和名類聚抄《わみょうるいじゅしょう》』は「蛾」を見出しにして、「比々流」（ヒヒル）という「和名」を示しています。鎌倉時代にできたと考えられている『名語記《みょうごき》』という辞書は蛾も蝶も「ヒヒル」で、「羽をひりひりとひらめかす」と述べています。

「ひりひり」は現代日本語の「ヒラヒラ」でしょうか。「ヒヒル」は38頁で説明した「ハ行転呼音現象《てんこおん》」によって「ヒイル」という発音になっていきます。

〈ずきずきうずくような痛み〉という語義の「トウツウ」（疼痛）という漢語があります。『新撰字鏡』は「疼」の字に「比々良久」（ヒヒラク）、「加由之」（カユシ）という和訓を結びつけています。「ヒヒラク」は〈ひりひり痛む・ずきずき痛む〉という語義をもっています。現代日本語では「ヒリヒリ痛む」というように、「イタム」という動詞と「ヒリヒリ」というオノマトペをセットで使って表現していますが、「ヒヒラク」は一語で〈ひりひり痛む〉をあらわすということです。動詞「ヒヒラク」の連用形は「ヒヒラキ」になりますが、これは〈ひりひりした痛み〉という名詞になります。

葉にトゲがあって触ると手が痛くなる、手がヒヒラク。そうした葉を持つ木は「ヒヒラク木」であるはずですが、「ヒヒラキ木」は「キ」という発音が重なっているので、木の名前が「ヒヒラキ」になったと思われます。この「ヒヒラキ」がハ行転呼音現象によって「ヒイラキ」という発音になります。現代日本語では「ヒイラギ」と発音しますね。「ヒイラギ」は〈葉にさわると手がひりひりする木〉で、木の名前にオノマトペが隠れていることになります。

46頁で採りあげた「ツクツクボーシ」は全体が鳴き声に由来していると思われますが、「キリギリス」は「キリギリ」の部分が、「カラス」は「カラ」の部分が、「ウグイス」（ウグヒス）は「ウグヒ」の部分が鳴き声に由来していると考えられており、「ス」は鳥や昆虫をあらわす接尾語と推測されています。ウマオイと呼ばれる秋鳴く虫を、その鳴き声から「スイッチョ」と呼ぶことがありますが、鳥や昆虫を、その鳴き声に由来するような呼び方をすることはごく自然なことといってよいでしょう。

野口雨情《のぐちうじょう》作詞の童謡「七つの子」の歌詞には「かわいかわいとからすはなくの」とありますが、この「カワイカワイ」もカラスの鳴き声にかけていると思われます。

# 「あめつち」と「いろは」の間に

仮名四十七文字から成る「いろはうた」は現在でもよく知られていると思います。その「いろはうた」よりも前に、仮名二字で書ける名詞を二語ずつの組で並べようとした「あめつち」と呼ばれる歌がありました。「あめつち」は四十八文字から成るので、「いろはうた」よりも一字多いことになります。「いろはうた」には「え」が一つしかありませんが、「あめつち」には「え」が二つあります。二つの「え」のうちの一つはア行のエ［e］、もう一つはヤ行のエ［je］で、この二つの音が一つになってしまう前にできたのが「あめつち」だと考えられています。

「あめつち」も「いろはうた」も日本語で使っている音を仮名の一覧表のようなかたちにまとめたものともいえます。

「いろはうた」は仮名の手本として使われ、鎌

## あめつち

「あめつち」は「いろはうた」に先立ってつくられたと考えられている。

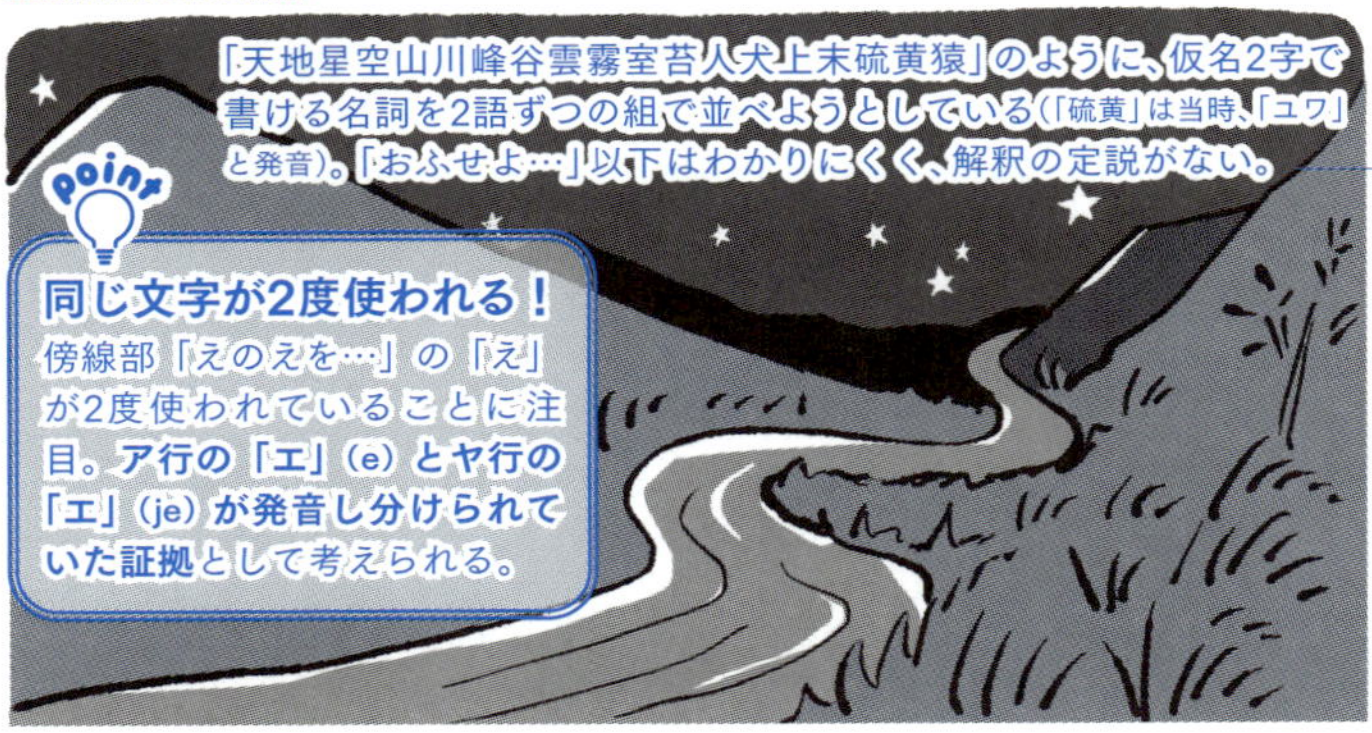

「天地星空山川峰谷雲霧室苔人犬上末硫黄猿」のように、仮名2字で書ける名詞を2語ずつの組で並べようとしている（「硫黄」は当時、「ユワ」と発音）。「おふせよ…」以下はわかりにくく、解釈の定説がない。
Point
**同じ文字が2度使われる！**
傍線部「えのえを…」の「え」が2度使われていることに注目。**ア行の「エ」（e）とヤ行の「エ」（je）が発音し分けられていた証拠**として考えられる。


あめ　つち　ほし　そら　やま　かは
みね　たに　くも　きり　むろ　こけ
ひと　いぬ　うへ　すゑ　ゆわ　さる
おふせよ　えの　えを　なれ　ゐて

「あめつち」の最古の例は源順によってあらわされた『源順集』（みなもとのしたごうしゅう）（平安時代中期〜後期成立）にある。源順は歌人であり、『源順集』には「あめつちの詞」をおいた和歌48首が収載されている。

あらさじと　うちかへすらん　をやまだの
なはしろみづに　ぬれてつくるあ
めもはるに　ゆきまもあをく　なりにけり
いまこそのべに　わかなつみてめ
（『源順集』）
（以下続く）

源順《みなもとのしたごう》
（911〜983）

### 手習い歌も、中国の影響

「あめつち」は、中国の南北朝期に成立した『千字文』（せんじもん）という、千字の漢字を重複させずに用いた習字の手本書の影響を受けてつくられたとみられる。

倉時代頃から辞書の見出しの排列にも使われるようになっていきます。現在出版されている国語辞書は見出しを「五十音順」に排列していますが、明治時代までは「いろは順」が主流でした。「いろはうた」は弘法大師（七七四〜八三五）がつくったという説がありますが、弘法大師の頃はア行のエとヤ行のエとが一つになっていなかったはずなので、現代ではこの説は否定されています。

## たゐにのうた

「いろはうた」の前に、源為憲が記した『口遊』（くちずさみ）（970年成）にみられる「たゐにのうた」もある。

大為爾伊天奈従武和礼遠曽支美女須土安
佐利比由久也末之呂乃宇知恵倍留古良毛
波保世与衣不彌加計奴
田居（たい）に出て　菜摘む我をぞ　君召すと
求（あさ）り追ひ行く　山城の　うち酔へる子等
藻葉（もは）干せよ　え舟かけぬ
（『口遊』）

これも後半部の意味はよくわからない。

**Point**

**「え」の重複は「不適当」の注あり**

『口遊』中には「『あめつち』は『え』が重複しているので不適当。『たゐにのうた』の方が優れている」との注記がある。**当時（970年）には、（ア行とヤ行の）「エ」は一つの（同じ）発音になっていたことがわかる。**

### 日本の言語生活に浸透した「いろは」

辞書の世界においても「いろは」は尊重され、明治24（1891）年に成立した『言海』（げんかい）が50音順排列を採用するまで続いた。➡134頁

人形浄瑠璃「仮名手本忠臣蔵」も赤穂浪士が47人であったため、47音の「いろは」にかけて「仮名手本」と命名された。

## いろはうた

「いろはうた」自体の成立は10世紀末〜11世紀半ば頃と考えられる。平仮名を覚えるための手本として長く使用された。

**Point**

**「音」が減った「いろはうた」**

「いろはうた」は47音。**「エ」の区別がなくなっていたために、「あめつち」から音が減っている。**

いろはにほへと　ちりぬるを
わかよたれそ　つねならむ
うゐのおくやま　けふこえて
あさきゆめみし　ゑひもせす

「いろは歌」の最古の例は1079年の奥書がある『金光明最勝王経音義』（こんこうみょうさいしょうおうきょうおんぎ）という本に見え、万葉仮名表記されている。

『金光明最勝王経音義』の著者は未詳。『金光明最勝王経』の音義書で、音韻にかんする貴重な資料でもある。

母音と子音の日本語表

# 五十音図考

五十音といいながら、ヤ行は「ヤ・ユ・ヨ」、ワ行は「ワ・ヲ」で、実際には五十音図には四十五音しか示されていないですね。また「ヲ」は［wo］という発音に対応するはずですが、共通語では［wo］は使われないので、現代日本語では四十四音を使っていることになります。

仮名が生まれたのは九世紀末ぐらいと考えられています。ヤ行のエの音は仮名ができる前になくなってしまったために、ヤ行のエに対応する仮名が存在しないと推測されています。

室町時代にできた『いろは字』と呼ばれている辞書には「鰻」に「ユルカ」という振仮名が施されています。「イルカ」を「ユルカ」と呼ぶ現代方言もあるので、この「ユルカ」は「イルカ」のことと思われます。そうだとすると、「イ」と「ユ」とが交替していることになります。子音のついていないア行の「イ」と「ユ」［ju］

## ヤ行に「え」がない？

「五十音図」といいながら、ヤ行は「ヤ・ユ・ヨ」、ワ行は「ワ・ヲ」なので実際には45音しかない。

Q:
古語の「聞こゆ」はヤ行下二段活用。であれば、活用語尾の「エ」はヤ行のはず…つまり、ヤ行の「エ」は存在したはずでは？

聞こえ・聞こえ・聞こゆ・聞こゆる・聞こゆれ・聞こえよ


A:
「仮名」ができあがる前に、ヤ行の「エ」という発音がなくなってしまった！

Point

**仮名（表記）は存在するのに、発音が存在しないことの意味**

ワ行の「ゐ・ヰ」「ゑ・ヱ」のように**仮名が存在するということは、それに対応する発音があった**と解釈できる。「を・ヲ」の音は、今でも「ゥオ」と発音する方言がある。

**五十音図の「欠落」を考える**

ヤ行の「イ」の音も、おそらくあったが「エ」と同様、仮名ができる前になくなってしまったと推測される。ワ行の「ヰ・ヱ」の音は確実に存在していた。ただし、ワ行の「ウ」は仮名が存在せず、音も存在しなかったと考えられている。

とは交替しにくく、「ユ」と交替する「イ」はヤ行のイ［ji］であると思われます。

51頁でみたように、「いろは」がひろく言語生活に浸透していたのに対して、五十音図は寺院を中心にした研究的な場でしか使われていなかったと思われます。『孔雀経音義《くじゃくきょうおんぎ》』に附載されている音図にはア行、ナ行、ワ行がなく、行の順は「カサタヤマハワラ」、段の順は「イオアエウ」となっています。

### 根強かった「いろは」信仰

「いろは」順が長く日本の言語生活において使われてきた。本格的な国語辞書の先駆けとして知られる『言海』（1891年）が見出しを五十音順に排列しているのを見て福沢諭吉が、編纂者の大槻文彦（おおつきふみひこ）に向かって「寄席の下足札が五十音順でいけますか？」と発言したという。➡134頁

福沢諭吉
「いろは」順でなくて大丈夫なのか…？
大槻文彦
大丈夫です。これからは五十音順の時代

## なかなか進まなかった五十音図の普及

現在では当たり前の五十音図。原形は11世紀頃から見られるものの、長い間、日本人の生活では「いろは」順が主流であった。

音を母音と子音の組み合わせによってとらえる五十音図の発想は、古代インド語＝サンスクリット語の研究の中で生まれたと推測される。

五十音図の「段」と「行」は、現在の形になるまで時間がかかった。段の「アイウエオ」順は12世紀はじめ頃から、行の「アカサタナハマヤラワ」順は17世紀に入ってほぼ安定するようになった。

現存最古の五十音図とされるものは『孔雀経音義』（1004～1027年頃成）にあり、仁和寺の僧が記した『悉曇要集記』（しったんようしゅうき）（1075年成）や『金光明最勝王経音義』（こんこうみょうさいしょうおうきょうおんぎ）（1079年成）などにも見られ、寺院にかかわる文書に多い。

### 五十音図の発祥はお寺での学びから

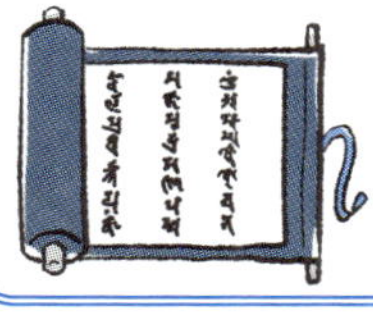

五十音図は母音と子音とを組み合わせる形で整理されており、「いろはうた」とは性質が異なる。**仏教を理解するためにサンスクリット語の学びを行なうなかで生まれたと推測される。**古い五十音図の多くが寺院にかかわる文書で見られることも、この推測を裏付ける。

コラム

# 五十音図の「ん」

現在小学校で教えている五十音図や、日本語を母語としない人に教えるための仮名の一覧表には、最後に「ん・ン」が置かれていることが少なくありません。仮名は日本語の音節に対応していますが、「ん・ン」は仮名なのでしょうか。

答えを先に言うならば、「ん・ン」は仮名ではなく、そこに「撥音《はつおん》」と呼ばれる音が存在していることを示す符号のようなものです。現代日本語では「促《そく》音《おん》」と呼ばれる音に小さい「っ・ッ」をあてることが多くみられますが、この小さな「っ・ッ」も符号といってよいでしょう。小さく書くのは「ツ」と発音する「つ・ツ」とは異なることを示すためだと思われます。

現代日本語の仮名の使い方は、昭和六十一（一九八六）年に内閣告示された「現代仮名遣い」によって使い方の目安が示されています。この「現代仮名遣い」の4「促音」には「促音に用いる『つ』は、なるべく小書きにする」という「注意」が附されています。みなさんは促音には小書きにした「つ・ツ」を必ず使うと思っていませんでしたか？「なるべく」とあることからすれば、小書きにしなくてもいいということになります。実際に、この「現代仮名遣い」の「前書き」の1には「この仮名遣いは、語を現代の音韻に従つて書き表すことを原則とし」とあって、「シタガッテ」が「従つて」と書かれています。『源氏物語』明石巻には「ニッキ」(日記)を平仮名で「にき」と書いている箇所があります。これは当時は「ニキ」と発音していたということではなく、「ニッキ」の促音に「つ」をあてるという書き方が安定して使われていなかったということをうかがわせます。

片仮名で「オカーサン」と書く語は平仮名では「おかあさん」と書きますね。片仮名で語を文字化する時には、「長音」と呼ばれる音のあるところに「ー」を書きます。直前にある母音を一拍分伸ばしたものが「長音」なので「オカーサン」の場合でいえば、直前にある「カ」の母音［a］を一拍分のばした音が「ー」のあるところにあるということです。平仮名で書く場合は、母音［a］をのばしているので「あ」を書くことになっていますが、この「あ」は［a］と発音しないわけです。ですから、「おかあさん」の「あ」も「長音」をあらわす符号とみることができます。

撥音、促音、長音は日本語の中では少し特殊な音です。「特殊」であることを示しているのが、右で述べた、対応する仮名がなくて、符号によってあらわされることです。もう一つはこれらの音から始まる語がないということです。言い換えるとこれらの音は語の先頭に位置することができません。語の先頭に位置することができないということは、日本語の中であまり「活躍」できないということです。

撥音、促音、長音の他に拗音《ようおん》と呼ばれる音があります。「シュギョウ」（修業）の「シュ」「ギョ」いずれも拗音で、現在は小書きにした「ヤ・ユ・ヨ」を添えてあらわしていますね。仮名が日本語をあらわすための文字として生まれたことからすれば、仮名一字で書くことができない音は、仮名が生まれた時にはなかった音と考えてよいでしょう。拗音は五十音図には含まれていません。

仮名は表音文字なのでどんな発音も書けるだろうと思いがちですが、書けない音があるのは意外なことですね。

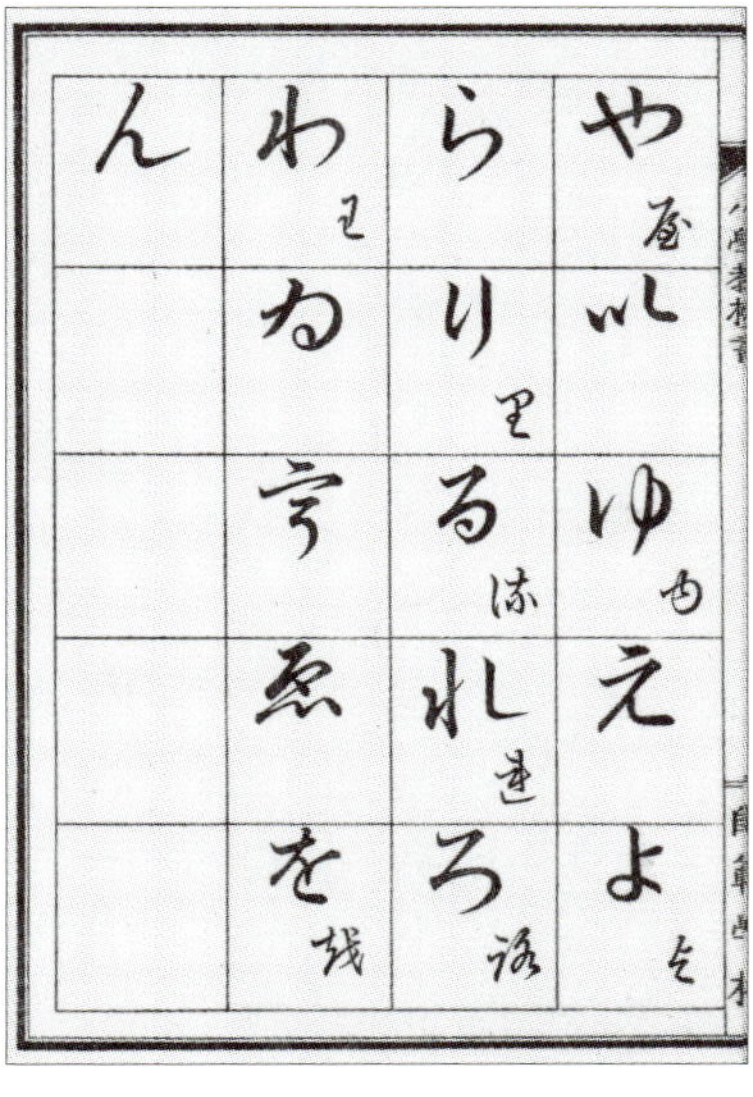

文部省編纂『小学教授書　全』国立教育政策研究所教育図書館所蔵　五十音図の「ん」（同館貴重資料デジタルコレクションより）

## 古代語の姿をうつす鏡
# 古辞書を引こう

江戸時代までに日本で編集された辞書の多くは、漢字を見出しにするものか、中国語＝漢語を見出しにするものでした。漢字で文字化された和語＝日本語が見出しに含まれることはありましたが、見出しはとにかく漢字で書かれていました。これは、江戸時代までの日本の言語生活において、漢字や漢語に関しての「情報」を得ることが大事だったことを示しています。

『新撰字鏡《しんせんじきょう》』は漢字を見出しにした漢字辞書で、中国で編集された複数の辞書の「情報」をもとに編集されていることがわかっています。見出しとなっている漢字の発音を「反切《はんせつ》」で示し、漢文で漢字の意味を示し、対応する和語があれば、それを示しています。対応する和語が示されていない漢字もあって、そうした漢字には対応する和語がなかった、もしくは認識されていなかった可能性があります。

## 『新撰字鏡』

『新撰字鏡』は平安時代初期の昌泰年間（898～901）に昌住（しょうじゅう）という僧侶によってつくられたと考えられている、現存最古の漢字辞書。

昌住（生没年未詳）

### 実際に読み解こう

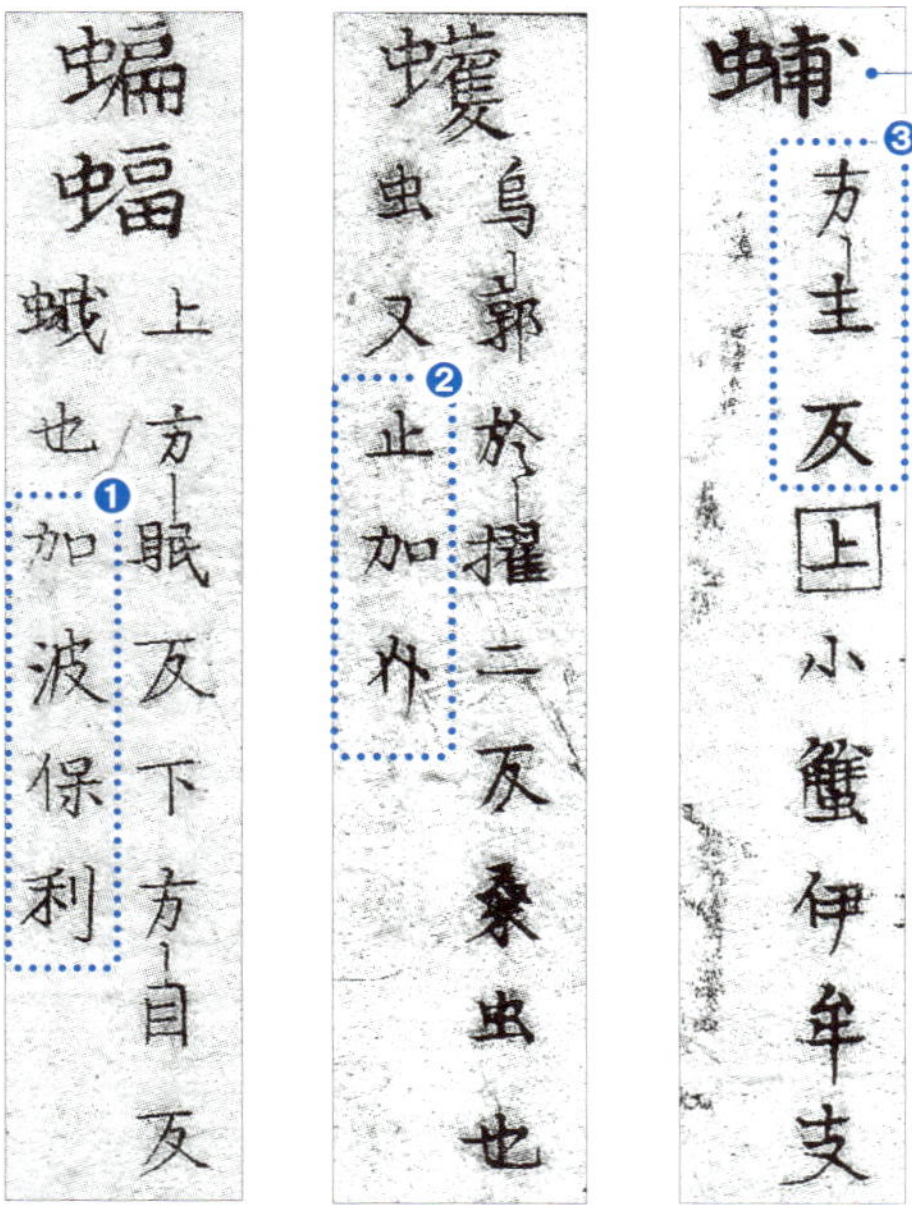


江戸時代の1803年に出版されたダイジェスト版より

『新撰字鏡』は基本的には漢字1字を見出しにして、その発音と意味について説明している。

**❶❷**
「蝙蝠」「蠖」という見出しが見える。語釈の末尾にある「加波保利」は「カハホリ」、「止加介」は「トカケ」（トカゲ）という発音をあらわす。

**❸**
「蜅」という見出しが見える。語釈の最初にある「方主反」は、「方」の最初の発音[h]と「主」の最後の発音[u]とを組み合わせて、「蜅」の発音[hu]を示す。

Point

**中国由来の発音表示方法**

❸で示されている発音を示す方法を、**「反切」**とよぶ。中国で考案された方法だが、日本の古辞書にもみられる。

# 『和名類聚抄』

『和名類聚抄』は、源順(みなもとのしたごう)によって、934年頃に編まれた。

醍醐(だいご)天皇の第四皇女・勤子(きんし)内親王の命により編まれた「読書をする際の手引書」であったとされる。

『和名類聚抄《わみょうるいじゅしょう》』は漢語を見出しにしています。本当にそうかどうかはわかりませんが、内親王の読書のための辞書ということになっていて、そうだとすれば、内親王も漢文で書かれた本を読んでいたことになります。『和名類聚抄』は他の辞書に引用されることが多く、日本の古辞書のチャンピオンといってもいいかもしれません。

## 実際に読み解こう

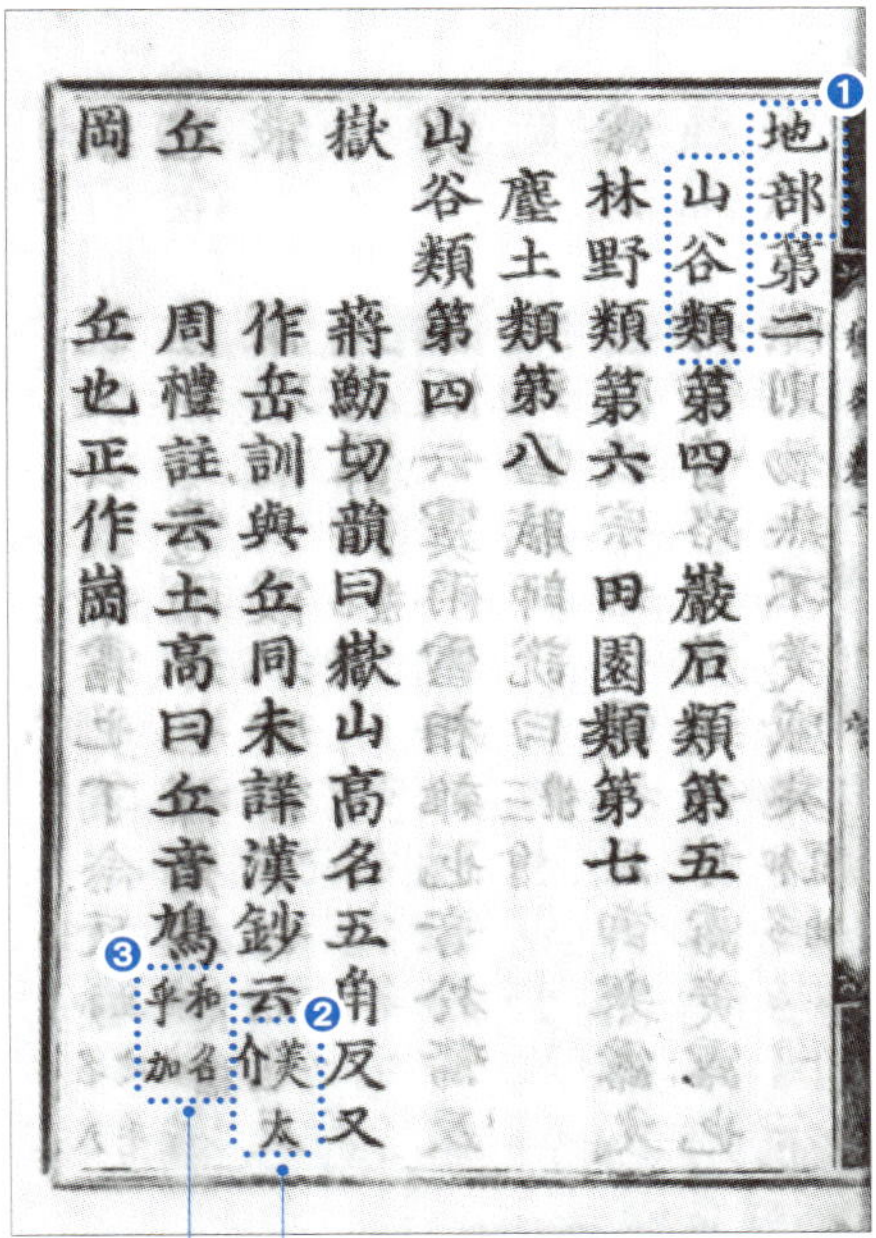

❶ 地部第二
山谷類第四　巖石類第五
林野類第六　田園類第七
塵土類第八
山谷類第四
嶽　蔣魴切韻曰嶽山高名五角反又作岳訓與丘同未詳漢鈔云❷美太介
丘　周禮註云土高曰丘音鳩❸和名乎加
岡　丘也正作崗

古活字版『和名類聚抄』
国立国会図書館所蔵＊＊

美太介

和名乎加

❷❸
「美太介」は「ミタケ」、「平加」は「ヲカ」という発音をあらわす。

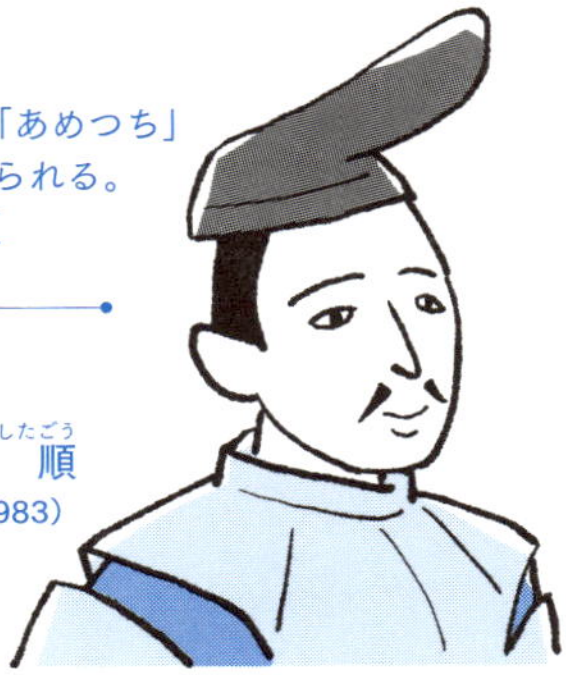

源順は「あめつち」でも知られる。
➡50頁

源順《みなもとのしたごう》
(911〜983)

❶
見出しはまず「天部」「人倫部」「調度部」「草木部」のような「部」に分けられ、その「部」内をさらに幾つかの「類」に分けて見出しを「意義分類」している。図は「地部」の「山谷類」の箇所。

**Point**
### 『和名類聚抄』の引き方
この辞書を使うにあたっては、まず探している語がどの部にありそうかを予想する必要がある。

### なぜ、平仮名を使わなかったのか?
『和名類聚抄』がつくられた時期は10世紀の半ば近く、この頃にはすでに仮名が生まれていた。➡62頁　しかし、この辞書は見出しが中国語＝漢語で、辞書全体は「中国語日本語対訳辞書」のような形式になっているため、万葉仮名を使って辞書全体を漢字で文字化していると推測できる。

康和二（一一〇〇）年頃に成立していたと考えられている『類聚名義抄《るいじゅみょうぎしょう》』も漢字のみで記されています。やがては辞書においても、漢字のみで記されている辞書から、仮名も交えた辞書に移行していきます。

漢文を訓読するにあたっては、その文や文章で、漢字がどのような和語に「翻訳」できるかを考えるので、同じ漢字が文や文章によって、異なる和語と対応することになります。漢字と対応している和語が「和訓」ですが、そうした様々な和訓を集めた＝類聚したものが『類聚名義抄』です。下図の「費」（①）には常用漢字表では「ツイヤス」という「訓」が認められていますが、『類聚名義抄』には「モチヰル」「チル」「カ、ヤク」などの和訓がみられます。「烏賊」「木賊」（②）にはそれぞれ「イカ」「度久佐」（トクサ）の和訓がみられますね。これは「賊」を下に使った漢語が見出しになっていると思われます。見出し「賊」（③）の語釈の最後に「禾ソク」とあります。「禾」は「和」の略字でその漢字の和音、つまり日本での発音をあらわしています。

## 『類聚名義抄』

1100年頃に成立していたと考えられるもともとの『類聚名義抄』は全て漢字で書かれているが、12世紀後半頃には片仮名を使って改編した下図のような辞書がつくられた。

### 実際に読み解こう

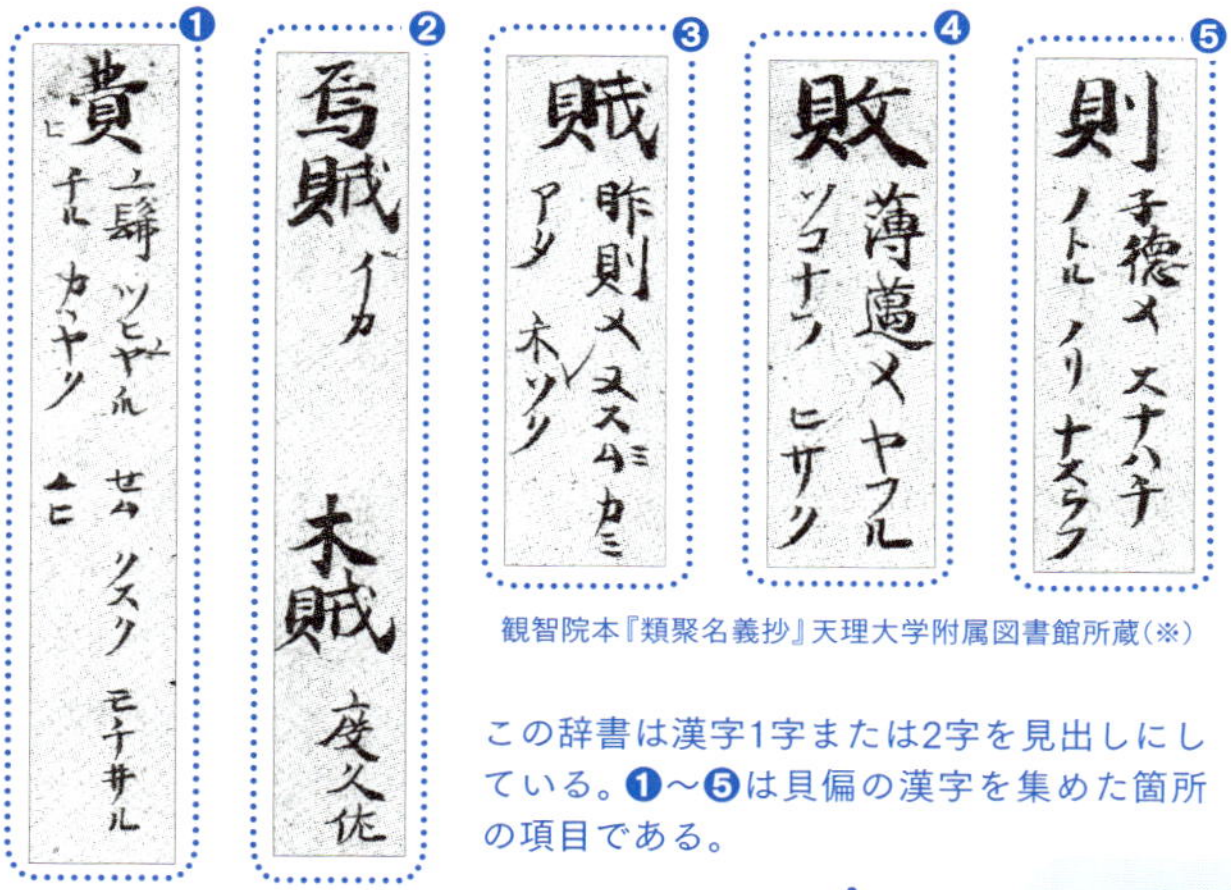

観智院本『類聚名義抄』天理大学附属図書館所蔵（※）

この辞書は漢字1字または2字を見出しにしている。❶〜❺は貝偏の漢字を集めた箇所の項目である。

❶〜❸は解説文参照。

❹
「敗」が見出しとなり、下の三つの和訓が示される。

ヤフル　ソコナフ　ヒサク

❺
「則」が見出しとなり、下の四つの和訓が示される。

スナハチ　ノトル　ノリ　ナスラフ

Point

**辞書編纂のプロセス**

この辞書は、積極的に「和訓」を集めている。漢文を訓読していくと、一つの漢字を色々な和語と結びつけることになるためそれを和訓として集めていると考えられる。

**編纂者は誰？**

元の『類聚名義抄』の編者は未詳。仏法僧の三編仕立てであることから学僧によって編まれたと考えられる。

※天理図書館善本叢書和書之部第三十三巻『類聚名義抄観智院本　法』八木書店、1976年より引用

コラム

# 辞書をつくった人

明治二十（一八八七）年ぐらいになると、本格的な国語辞書がつくられるようになります。明治二十年には高橋五郎《たかはしごろう》『漢英対照いろは辞典』が、翌二十一年には、『漢英対照いろは辞典』をもとにして『和漢雅俗いろは辞典』がつくられ、明治二十四年には大《おお》槻文彦《つきふみひこ》の『言海』が完結します（↓134頁）。高橋五郎の二つの辞書は書名にもあるように、見出しをいろは順に排列しています。一方、『言海』は見出しを五十音順に排列しています。

高橋五郎（一八五六〜一九三五）は越後国柏崎の庄屋の家に生まれています。緒方洪庵《おがたこうあん》の塾で洋学を学び、さらに横浜のブラウンの塾で英学を学んで、ブラウンから洗礼を受けています。ブラウンが行なっていた聖書の翻訳作業を手伝い、明治十五年頃からヘボンの『和英語林集成』（↓15頁例12）の改訂増補にも関わっていたことがわかっています。

大槻文彦（一八四七〜一九二八）は儒学者であった大槻磐渓《ばんけい》の三男として江戸木挽町《こびきちょう》に生まれています。蘭学者の大槻玄沢《げんたく》は祖父、漢学者の大槻如電《じょでん》は兄にあたります。江戸の開成所や仙台藩の藩校である明《めい》倫養賢堂《りんようけんどう》で、英学や蘭学を学び、慶応三（一八六七）年には横浜でアメリカ人タムソンに英語を学び、明治五年には文部省に入省しています。

高橋五郎も大槻文彦も、洋学、英学を学んでいますね。そうした学びの過程で西洋の辞書にふれ、辞書の重要性を実感として知っていたのでしょう。

明治時代までの日本の辞書は、漢字または漢語＝中国語を見出しにしている辞書がほとんどです。室町時代につくられた『節用集《せつようしゅう》』（↓14頁例10）は和語も見出しにしていますが、見出しは漢字で文字化されています。日本では、漢字や漢語について知ることが重要だったためと推測できます。『節用集』は誰がつくったかということがはっきりしていません。

コラム

# 部首について

現在出版されている漢和辞典を使って漢字を調べる場合、漢字の発音から調べる「音訓索引」、漢字の画数から調べる「総画索引」と部首から調べる「部首索引」の三つの索引があるものが多いでしょう。部首索引は漢字の形を手がかりにして探している漢字にたどりつく方法ですが、同じ部首をもつ漢字をグループとしてとらえるという「発想」であるともいえるでしょう。「首」には〈はじめ・先頭〉という意味があります。辞書で、そのグループ＝部に属する漢字を集めた、その先頭に置かれている漢字が部首ということになります。

　部首には「木偏」や「こざとへん」といった呼び名がありますね。本書56頁で話題にした『新撰字鏡《しんせんじきょう》』の目次にあたる「篇立次第」をみると、「連火部第九」「三水部第六十五」「之繞部第九十七」などとあります。「連火」はレンガ、「三水」はサンズイ、「之繞」はシニョウとみることができそうです。室町時代の『壒嚢抄《あいのうしょう》』という辞書は、四画に書くから「四繞」だと説明しています。現在は「シンニョウ・シンニュウ」ということが多いですね。十五世紀半ば頃にできたと考えられている歌論書『正徹《しょうてつ》物語』には「にんべん」という呼び名がみられます。

　慶長三（一五九八）年、来日していたキリスト教宣教師と日本人信者とが協力して『落葉集《らくようしゅう》』という漢和辞典をつくって長崎で印刷、出版しました（→13頁例8）。現在では世界で七冊の存在が確認されています。

　この辞書には部首名が記されており、「ひへん」「つきへん」「どへん」「さんずい」「にすい」「あなかむり」「くにがまへ」「がんかむり」などがみられます。「どへん」は現在は「つちへん」、「がんかむり」は「がんだれ」と呼んでいますね。中に「のぼりざる」と「こざるへん」があります。「のぼりざる」は「おおざと」、「こざるへん」は「こざとへん」です。

コラム

# この地名・人名が読めますか

　三世紀の中国の歴史を記した史書で、西晋《せいしん》の陳寿《ちんじゅ》（二三三〜二九七）が著わした『三国志』は「魏《ぎ》書」「呉《ご》書」「蜀《しょく》書」に分かれていますが、その「魏書」の末尾に「烏丸鮮卑東夷伝《うがんせんぴとういでん》」があって、その「東夷伝」の中の「倭人」について書かれている一九八四字の箇所が「魏志倭人伝」と呼ばれてきました。その中に「女王卑彌呼」のことが記されています。「卑彌呼」は「ヒミコ」という人名をあらわしていると考えられています。

　このように、中国においても、漢字を表音的に使って人名や地名をあらわすことがありました。『万葉集』でも漢字を表音的に使って、語をあらわしています。「奈弖之故」は植物の「ナデシコ」、「比婆里」は鳥の「ヒバリ」です。では「富等登芸須」「宇具比須」はどう読めばいいでしょうか。そう、「ホトトギス」「ウグヒス」です。だいたいが現在使っている漢字の音《おん》をもとに考えれば読めますが、「等」が「トウ」ではなく「ト」、「芸」が「ゲイ」ではなく「ギ」など、少し現在の音とは違うこともあります。

　57頁でも紹介した承平四（九三四）年頃につくられた『和名類聚抄《わみょうるいじゅしょう》』には「国郡部」という部があって、国名、郡名が載せられています。「相模国」は現在の神奈川県にあたりますが、鎌倉郡の鎌倉の下には「加萬久良」と書かれています。

　明治時代になると、外国語の地名・人名を漢字で書くことがさかんに行なわれました。次の地名・人名が読めるでしょうか。①〜⑨は地名、⑩〜⑲は人名です。

①別林　②亞喇伯　③彼得堡　④華盛頓
⑤衛士府都　⑥越屋比屋　⑦白耳義　⑧女喜志古
⑨武良尻　⑩拿破崙　⑪舌克斯畢　⑫海同
⑬倍根　⑭斯密乃雑　⑮達爾文　⑯新頓　⑰路惕
⑱雷諾阿　⑲魯本茲

※答えは142頁

「古典語」の世界

# 平安時代の言葉と平仮名

　桓武天皇が都を長岡京から平安京へ移した延暦十三（七九四）年を平安時代の始まりとみるとすると、この時にはまだ仮名が生まれていませんでした。仮名は九世紀末頃に生まれたと推測されています。平安時代は日本語を文字化するための文字が「漢字専用」から「漢字仮名併用」に移行した時期でもあります。片仮名は漢字の「部分」からでき、平仮名は漢字全体からできています。片仮名は漢文が訓読されるような「場」で生まれたと考えられていますが、平仮名がどのような「場」でできたかははっきりとわかっていません。

　漢字は表語文字・表意文字です。一方、仮名は表音文字です。表音文字はその名のように、音をあらわすための文字ですから、日本語の発音にしたがって、助詞・助動詞など、そもそも中国にはなく、漢字で文字化しにくい語も文字

## 平仮名という大発明

漢字全体を曲線化して筆画を簡略化し、平仮名をつくった。この「発明」のおかげで日本語史の世界でも、「はなしことば」を観察することができる。

多くの助動詞…

係り結びの法則…

主語が明示されない…

敬語が複雑…

現代人が想像する「古典語」は、平仮名で書かれた平安時代の言葉である。

「話すままに書く」ということが、平仮名のおかげで可能になり、現代まで伝わる平安文学の数々が生まれた。


Point

**漢字・漢文では具体的な日本語の姿はわからない？**

日常の言葉をそのまま記すには**日本語の音と対応する平仮名の誕生が不可欠であった。**

「安」からつくられた「あ」と、「阿」からつくられた「あ」のように、明治になるまで複数の「あ」の表記が使われていた、ということ


### バラエティ豊かな平仮名？

平仮名は、一つの音に対して複数の字体が存在していた。それを「変体仮名」（へんたいがな）と呼ぶことがある。明治時代（1900年）に1種類の字体に定められ、現在に至る。

←安
←阿

化することができます。

平安時代のことばを観察すると、助動詞が現在よりも多くあり、いろいろな機能をもっていたことがわかります。そうした多くの助動詞の違いも、仮名が生まれ、仮名によって文字化することではっきりとわかるようになります。表音文字である仮名を使って日本語をより具体的に文字化することができるようになりました。そして、そのようにして書かれた文献から「読み手」は、日本語の「姿」を具体的にとらえることができます。仮名があることによって、日本語についていろいろなことがわかるようになりました。

平安文学の代表である『源氏物語』の「作者」は紫式部といわれています。しかし、紫式部が

### 貴族の方言意識

方言については当時の平安貴族も意識していたようだ。「東国の方言は声がゆがんでいて訛っている」と評される。

> 若うより、さる東方の、遥かなる世界に埋もれて年経ければにや、声などほとほとうちゆがみぬべく、ものうち言ふ、すこしたみたるやうにて、
> （『源氏物語』東屋）

## 『源氏物語』を書いたのは誰？

実は紫式部自筆の『源氏物語』は現存せず、自筆本につながることが記されているテキストもない。紫式部自筆であると認識されたテキストがいずれかの時代にあった、という記録もない。

藤原公任
あなかしこ、此わたりに、若紫やさぶらふ
このあたりに、若紫はおいででしょうか？
紫式部
源氏に似るべき人も見え給はぬに、かの上は、まいていかでものしたまはん
源氏の君に似た人もいないのに、まして紫の上がいらっしゃるものですか

『紫式部日記』には、中宮彰子が産んだ敦成（あつひら）親王の「御五十日祝」の酒宴（1008年）の折、藤原公任と紫式部の間で上記のような会話が交わされたことが書かれている。

### 『源氏物語』の存在を裏付ける証拠

Point

この会話記録により『源氏物語』が当時の宮廷内に広まっていたことがわかる。

### 『源氏』の存在を「周り」から固める

『紫式部日記』には、「御五十日祝」の同年11月中旬頃の記事にも、『源氏物語』の書写作業らしき記述が残されている。また、『更級日記』でも1021年、五十余巻の『源氏物語』入手の記述あり。

書いた『源氏物語』は現在残っていませんし、そういうものがあったという記録もありません。ただ、『紫式部日記』には紫式部が『源氏物語』を書いていたことをうかがわせる記述があります。『紫式部日記』の記述によって、寛弘五（一〇〇八）年には、『源氏物語』の一部分はできあがっていたことが推測できます。全体が五十四帖に分かれており、このような大部の物語はすぐにはできあがらないでしょう。少しずつ書き進められ、その少しできあがった部分を紫式部周辺の人々がよんで広まっていったことが予想されます。現在は書店で売られている小説を買いますが、当時は借りて読んだり、借りた時に自分が写して手元に残し、それをまた人に貸すというような広がりかたをしたと思われます。

仮名が生まれたことによって、漢語を使い、漢字と片仮名とで文字化される「漢文訓読文」と、漢語をあまり使わず、漢字と平仮名とで文字化される「和文」とが、日本語のタイプの異なる二つの「かきことば」として使われるようになっていきます。

## テキストの問題

紫式部自筆であることを確かに証明する『源氏物語』はないが、『土左日記』は紀貫之自筆本が室町時代まで存在していたことがわかっている。

紀貫之
(868?～945?)

『土左日記』は1492年までは、貫之自筆本が存在。自筆本は、少なくとも4回書写されたことがわかっている。

**4回の書写者と書写年代**

- 藤原定家　1235年
- 藤原為家　1236年
- 松木宗綱（まつのきむねつな）1490年
- 三条西実隆（さんじょうにしさねたか）1492年

**Point**

**どの時代の言語？**

書写の際、新しい時代の言葉に置き換えてしまえば、どの時代の資料として扱うべきか問題が生じる。テキストの系譜を把握しておくことも重要である。

**どの本がベストなのか**

貫之自筆本の姿を反映しているとされるのは為家本であり、それを江戸期に忠実に模写した青谿書屋本（せいけいしょおくぼん）がよく調査の場で使われる。

## 謎につつまれた平仮名の「経歴」

平仮名がどのような場で成立し発達していったか、はっきりとはわかっていない。

905年に撰進された『古今和歌集』は平仮名で書かれている。平仮名は「和歌を書く」ということと結びつきながら発達していった、と考えられる。

**Point**

**男は漢字、女は平仮名？**

和歌は、基本的に漢語を使わない和語表現なので、平仮名表記がベストといえる。平仮名は「女手」と呼ばれるが男性も使っていた。

## 片仮名の発生と用途

片仮名は、万葉仮名の字形の一部分を採って生まれた。漢字（漢語・漢文）との親和性が高く、漢字片仮名交じり文などの文体を生み出した。

仏教の経典や漢文読解にあたり、本文の行間や傍に小さく、素早く文字を書き込む必要性から片仮名は誕生した。平安時代末期になると、『今昔物語集』のような漢字片仮名交じり文の作品も生まれた。

➡12頁例3

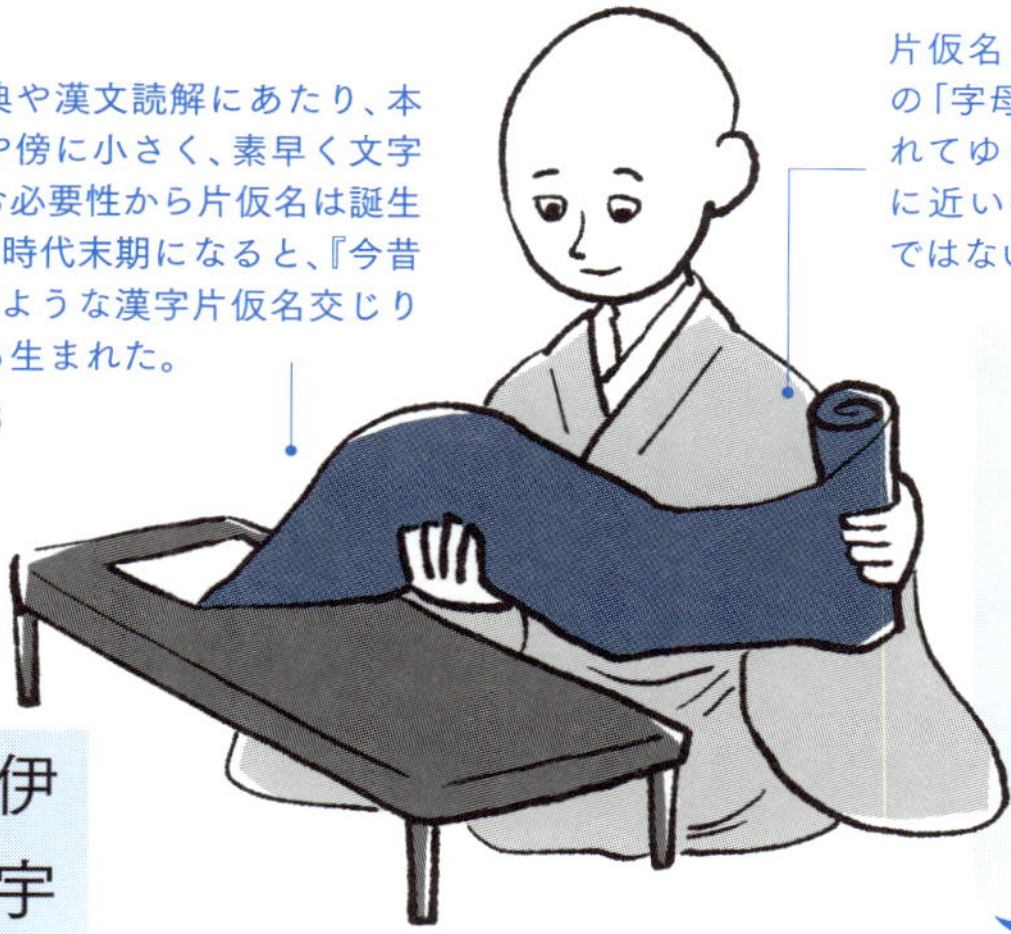

片仮名も平仮名と同様、当初は複数の「字母」が存在した。やがて整理されてゆき、12世紀には現在の片仮名に近い字体になった。「片」は「完全ではない」という意味。

イ ⬅ 伊
ウ ⬅ 宇

### 中国語を日本語に翻訳する営み

片仮名やヲコト点を書き込んで、中国語を日本語に「翻訳」して理解するという漢文訓読の営みを行なった。現代の学校で習う「漢文」の授業も、この流れを汲んでいる。

## 平仮名文と漢文（漢字片仮名交じり文）の「役割」

平仮名文はすぐれた王朝文学作品を生み出し、「はなしことば」を反映させることができる手段であったが、日本の「公的な文体」とはならなかった。

**平仮名文が得意なこと**
王朝文学
和歌
口語の描写

繊細な男女の機微を描写したり、日本の心を伝えたり…

**漢字・漢文が得意なこと**
公式の日記や文書、法律、学問、書簡

抽象的な概念を議論したり、実質語＝漢字、付属語＝片仮名で記すことによりわかりやすい文章を書いたり…

Point

**大事なのはそれぞれの「役割」をわきまえること**

平仮名文と漢文（漢字片仮名交じり文）には、それぞれ用いられる場面や用途があった。性別による使い分けのイメージは確かに存在したが、男性も和歌を詠むときなどは平仮名を使用したし、漢文に親しむ女性もいた。

コラム

# 古代日本語と近代日本語

平安時代までの古代語と江戸時代からの近代語を比べるといろいろな違いがあります。語彙＝使っている語の集合の面では、やはり漢語の使用が増えたということがあるでしょう。漢語の使用が全体として増えていることに加えて、当初は「はなしことば」ではほとんど使われることがなかった漢語が次第に「はなしことば」内でも使われるようになっていったということも推測されます。現代の方言の中には、もともとは漢語だったと思われるものがあります。そうした漢語は、中世頃までの間に、「はなしことば」の中で使われるようになった漢語が、そのままずっとその地域の「はなしことば」の中で使われて現代に至ったと考えるのが自然です。

もちろん語彙だけではなく、日本語のさまざまな諸相において変化が生じ、近代日本語へと変遷してゆきました。古代語の時期に、日本語の音韻が変化しました。近い発音は一つになったし、語の中にあるハ行音がワ行音になる「ハ行転《てん》呼《こ》音《おん》現象」も起こりました（↓38頁）。鎌倉時代ぐらいから、いわゆる「四つ仮名」の混同が始まり、近代語では「四つ仮名」は区別されなくなりました（↓104頁）。

文法面では二つのことが注目されます。一つは「係り結びの法則」がくずれたことです（↓83頁）。「係り結び」とは、文中に係助詞を使い、文末を通常の終わりの形式である終止形ではない形にすることで、その文が通常の文ではない、強調の文であることを示す表現形式といってもよいでしょう。先に、これは強調文になりますよ、というマーカーとして係助詞を出し、その係助詞に呼応した形を述部にもってきて、その一文が強調文であることを示します。これは、一つの文が長いと効果的ですが、一つの文が短い場合は「そこまでしなくても」ということになりそうです。現代日本語で「そうですか」という時の「カ」は疑問をあらわす終助詞ですが、これはもともとは文中にあった係助詞が文末で使われるようになったものです。長い文はどこからどこまでが一つの文であるかをわかりやすくするためにも、係り結びは有効だったと思われますが、文が短くなるとあまり効果的ではなくなるでしょう。

古代語はまだ「かきことば」が整っておらず、「はなしことば」にちかい「かきことば」でした。鎌倉時代頃に「かきことば」はできあがってきますが、それは効率よく、「情報」を盛り込むための「器」のようなものでした（➡68頁）。

文法面で注目されるもう一つのことは、「文」と「文」とをつなぐ接続詞、「文」の内部で「情報」をつなぐ接続助詞が使われるようになっていったことです。「文」の中にも「情報」があります。その「情報」同士がどのようにつながっているかということを接続助詞が示しています。

また、一つの「文」が一つのまとまった「情報」を持っていると考えてみましょう。そうすると幾つかの「文」から成る「文章」においては、「情報」がいくつか並べられていることになります。ひとつの「文」と次の「文」との関係は、説明をしなくてもわかるようになっているはずです。ですから、ことさら「シカシ」という接続詞を使わなくても、前の「文」と後ろの「文」とは逆接の関係にあるということは「文」をきちんと読んで理解していればわかるはずです。ただ、そこに逆接をあらわす接続詞を使うと、「文」と「文」との関係はよりいっそう明確になります。こうして、鎌倉時代、室町時代頃から接続詞や助詞の使用が増えていったと考えられています。

古代語ではいろいろな助動詞が使われていましたが、助動詞も近代語では減りました。多様な助動詞を用いてあらわしていた過去・完了が、やがて「た」へと一本化していくのは、その「減少」を象徴するような変化です（➡84頁）。

音韻、語彙、文法など、さまざまな面で変化をして近代日本語になり、それが現在まで続いています。言語は時間の経過とともに変化していきます。社会全体の変化ともかかわっていくので、これから百年後には日本語はさらに形を変えていることでしょう。

## 「話す」ことばと「書く」ことば
# 「かきことば」の歴史

現代日本語は「はなしことば」と「かきことば」との「距離」があまりないので、両者の違いがぴんとこないかもしれません。

聞き手に向けて話す「はなしことば」はその場でやりとりが行なわれ、その場で消えていきます。すぐに消えてしまう「はなしことば」を時空を超えて残すために「かきことば」が生まれたといっていいでしょう。

「かきことば」には「はなしことば」でやりとりされている「情報」をわかりやすく整理してもりこむ必要があります。「かきことば」という「情報の器」ができあがるには時間が必要でした。

中国語文＝漢文を「翻訳」したものが漢文訓読文ですが、日本における「かきことば」は、この漢文訓読文をベースとして生み出され、長く続いてきました。『源氏物語』は「はなしことば」を書き留めたような文章で、いうならば「は

## 無文字時代

縄文時代に日本列島で生活していた人々は、「文字」はもっていなかったと推測できる。

当時の人びとも、社会生活をしていたのだから（日本語につながるような）言語（はなしことば）はあった、とみるのが自然。

**文字はもっていなかった、という推測の根拠**

縄文土器には「文字」なし。この時代に文字があれば刻まれたはず。

## 日本語史でいう「かきことば」とは？

日本語史では、「はなしことば」と「かきことば」の歴史を分けて考える。

**Point**

**「かきことば」のつくり方**

漢文から生み出された漢文訓読文をベースにして、日本語の「かきことば」はつくられた。

漢文訓読文は、中国から伝わった「漢文」を、日本語で理解しやすくするために編み出された読み方である。

| 元の漢文 | | 訓読文 |
|---|---|---|
| 国破山河在 | ← | 国破れて 山河在り |

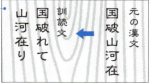

なしことば」にかなり寄った「かきことば」で、「和文」と呼ばれます。

漢語をあまり使わない「和文」と漢語を多く使う「漢文訓読文」とが合わさり「和漢混淆《こんこう》文《ぶん》」と呼ばれる「かきことば」ができたのが、『平家物語』がつくられた頃と考えられています。

明治二十（一八八七）年頃には「はなしことば＝言」と「かきことば＝文」とを一致させようとした言文一致運動が起こり、「はなしことば」と「かきことば」の「距離」はいっそうなくなりました（➡124頁）。

### 『源氏物語』は「何ことば」？

紫式部は平仮名を駆使して『源氏物語』を書いたが、当時の「はなしことば」を（ほぼ）そのまま文字化して作品をつくり上げたと言える。必然的に日本語固有の言葉（和語）を中心に使うことになり、「和文」と呼ばれることもある。言うなれば、『源氏物語』は「はなしことば」寄りの「かきことば」で記されたとも認識できるが、日本語史上では「かきことばの系譜」とは異なるものとみることもできる。

## 現代につながる「かきことば」誕生

『平家物語』が出来上がった頃、現代日本語につながる「かきことば」が生まれたと考えられている。

**『平家物語』の文体の特徴**

①漢語をある程度使う
②漢字と仮名によって文字化する

これは、今の私たちの言語生活につながる文体と言える。

『平家物語』の文体は漢文訓読文と和文のミックスでできている

## 「かきことば」年表

「はなしことば」と「かきことば」の関係を年表にあらわす。

**Point**
**「はなしことば」と「かきことば」の距離**
鎌倉時代以降、**「はなしことば」と「かきことば」が別の言語態になっていった＝距離が大きくなっていった**、といえる。

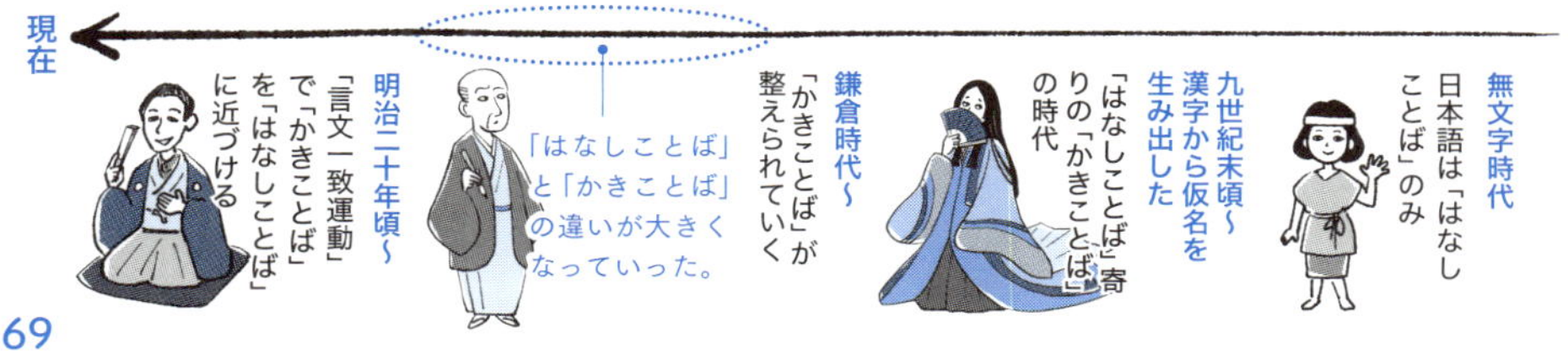
無文字時代
日本語は「はなしことば」のみ
九世紀末頃～
漢字から仮名を生み出した
「はなしことば」寄りの「かきことば」の時代
鎌倉時代～
「かきことば」が整えられていく
「はなしことば」と「かきことば」の違いが大きくなっていった。
明治二十年頃～
「言文一致運動」で「かきことば」を「はなしことば」に近づける
現在

コラム

# 仮名と漢字

仮名は九世紀末頃までに生まれたと考えられています。醍醐《だいご》天皇の命によって、最初の勅撰和歌集として『古今和歌集』が編まれて奏上されたのが延喜五（九〇五）年であることは、この推測を支えています。また、「をとこもすなる日記といふものをむなもしてみんとてするなり」と始まる、紀貫之《きのつらゆき》の『土左日記』が成ったのが九三五年頃と考えられており、この頃には仮名を使って散文を書くこともできるようになっていたことがわかります。

まずは漢文を訓読するにあたって、漢文の傍に振仮名や送り仮名を記すために、漢字の「部分」が使われました。当初は、「漢字を省略して書いたもの」だったと思われますが、それが次第に漢字とは異なる文字体系となっていったのでしょう。「漢字を省略して書いたもの」は現在の片仮名のもと、とみることができますが、初期には、現在であれば平仮名とみなすような字形のものもあったことがわかっています。つまり、最初は片仮名と平仮名ははっきりわかれていなかったともいえます。

基本的には、片仮名は漢字の一部を採り、平仮名は漢字全体を変形させてできており、次第に片仮名は片仮名の体系、平仮名は平仮名の体系をつくりあげていったと思われます。先に述べたように、片仮名は漢文の傍に記されたところに起源をもっており、漢字とともに使われることが自然だったはずです。一方、平仮名は必ずしも、漢字とともに使われることが前提となっていたわけではない可能性があります。

紀貫之自筆の『土左日記』は明応元（一四九二）年までは存在していたことがわかっています。その後所在不明になり、現在に至るまで姿を現していません。鎌倉時代、室町時代においても、貫之自筆の『土左日記』は大事に保管されているので、江戸時代の間になくなってしまったということはないと思われますが、江戸時代にどこにあったという記録も知られていません。もしも出現したら、まちがいなく重要文化財に指定されるでしょう。さて、貫之自筆の『土左日記』は鎌倉時代に二回、室町時代に二回写されており、写した本=写本も残っています(➡64頁)。残されている写本をもとにして、貫之自筆の『土左日記』がどんなものであったかも、ある程度まで復元されています。その復元『土左日記』によれば、『土左日記』には少数ながら漢字が使われています。

漢字は中国語すなわち漢語を文字化するための文字でした。ですから、漢語は漢字で書くのが自然ですし、漢語は日本語ではないので、日本語を書くために生まれた仮名を使うと文字化しにくい語もあります。仮名が生まれるまでの間にも、日本は中国と深い交渉を続けてきています。その交渉を通じて中国の文物や制度が日本に入ってきていますが、同時に漢語も入ってきています。仮名が生まれた時点では、漢語を使わない言語生活は考えられなくなっていたはずです。そうなると、仮名が生まれたからといって、漢字を捨ててしまうことはできません。仮名と漢字とを使って日本語を文字化する「歴史」は仮名の発生とともにスタートしたことになります。

中国語をあらわす時に使う漢字は原則として表語文字、日本語をあらわす時に使う漢字は原則として表意文字、仮名は表音文字です。つまり、日本語の文字化には表意文字と表音文字とが使われていることになります。こうした言語は多くはありません。日本語における漢字は、語を文字化するということを超えて、日本語そのものとも深く関わってきたと考えられます。

子どもに名前を付ける時に親の名前の一字を使うことがあります。例えば、「景時」の子どもが「景季」である時に、「カゲ」という発音を受け継いでいるとは言わずに「景」の字を受け継いでいると言うでしょうし、そう思いますよね。これは、発音よりも文字を重視したとらえかたとみることができます。表音文字であるアルファベットを使っている言語ではこうしたとらえかたは発生しません。文字は想像以上に、言語に影響を与えることがありそうですね。

コラム

# 『平家物語』のことば

「祇園精舎の鐘の声、諸行無常の響きあり。沙羅双樹の花の色、盛者必衰のことはりをあらはす」という『平家物語』の冒頭を覚えている人も少なくないと思います。「ギオンショウジャ」（祇園精舎）はサンスクリット語の「Jetavana-vihara」を音訳した語で、釈迦《しゃか》が説法を行なった場所の名前なので、固有名詞といってもいいでしょう。「ショギョウムジョウ」（諸行無常）は〈世の中のいっさいの造られたものは常に変化し生滅して、永久不変なものはない〉という語義をもつ仏語（漢語）です。『平家物語』は、このように「漢語っぽく」始まります。しかし、すぐ「おごれる人も久しからず、ただ春の夜の夢のごとし」という漢語を使わない文に続いていきます。「ゴトシ」は漢文訓読で使われる語ですが、全体としてみれば「和文」にちかい文といっていいでしょう。

漢語を多用する漢文訓読文にちかい文と、漢語をあまり使わない「和文」にちかい文とが隣接しています。『平家物語』の文章を「和漢混淆文《こんこうぶん》」と呼ぶことがありますが、まさに和と漢とがないまぜになった文章といえるでしょう。そして、『平家物語』のような和漢混淆文が日本語の「かきことば」の一つとして、鎌倉時代頃にはっきりとした形を持ち始めたのです。

もともとは中国語で、それを借用して日本語の中で使っているのが漢語です。漢語は日本語ではあらわしにくい語義をもっていることが多く、その一方で、和語は漢語ではあらわしにくい語義をもっていることが多いので、両方をミックスして使うことによって、いろいろなことを表現することができます。和漢混淆文の形で日本語の「かきことば」ができあがってきたのは、日本語の歴史を振り返ると自然なことだったといえるでしょう。

コラム

# 候文《そうろうぶん》

平安時代に使われていた「サブラフ」が変化して、平安時代末期から鎌倉時代初期にかけての頃に「サウラフ」(=ソウロウ)という語形が生まれました。「サブラフ」はもともとは貴人や敬うべき人の傍に伺《し》候《こう》するという語義の動詞でしたが、平安時代に「ヲリ」(居)の謙譲語として、使われるようになり、さらに十世紀頃になると、「はなしことば」において、丁寧語としても使われるようになります。

平安時代には「ソウロウ」の他に「ハベリ」(侍)も丁寧語として使われていましたが、この二つの語は次第に私的な文書でも使われるようになっていたと考えられています。つまり「かきことば」でも使われるようになっていったということです。

鎌倉時代以降、「ソウロウ」(候)は「はなしことば」では使われなくなっていきますが、「かきことば」では使われ続け、文末などに「ソウロウ」(候)を使った「候文」が書簡をはじめとする私的な文書で多く使われるようになり、次第に公的な文書においても使われるようになっていきました。室町時代には謡曲の詞章においても使われています。例えば、謡曲『羽衣《はごろも》』ではワキが「いかに申し候。御姿を、見奉れば。餘りに、御傷はしく候程に。衣を、返し申さうずるにて候」と言い、シテは「あら嬉しや此方へ、賜はり候へ」と言っており、ともに「候」を使った文を使っています。

江戸時代になると、幕府や藩の公的文書などにおいても候文が使われるようになり、「可申候《モウスベクソウロウ》」や「罷出候《マカリイデソウロウ》」のような定型的な表現も生まれていました。また、公的ではない日常的な文書においても候文が使われており、多くの場面で候文が使われていました。明治時代になると、法令などの公文書は次第に文語文で書かれるようになり、候文は使われなくなっていきます。

## 宣教師の布教努力の賜物
# キリシタン資料

来日した宣教師たちが、日本で布教活動を行なうためには、まずその時々の有力な為政者に面会し、キリスト教について説明して許可を得る必要がありました。フランシスコ・ザビエルが来日した天文十八（一五四九）年からおよそ百年間の有力な為政者は、織田信長、豊臣秀吉、徳川家康でした。それぞれ、「三者三様」の対応をしました。

宣教師たちが布教活動をするためには、日本語を使う必要があります。宣教師たちの日本語のテキストとしてつくられたと思われるものが、天草版《あまくさばん》『イソップ物語』『平家物語』『金句集《きんくしゅう》』の合冊です。このテキストは印刷されたにもかかわらず、現時点では世界で一冊しか存在が確認されていません。蔵しているのは大英図書館で、同館のWEBサイトで、精密な画像が公開されています（➡13頁図版）。

## 布教のため海を越えて…来日した宣教師

1549年のザビエル来日以降、17世紀前半までの約100年間、多くのキリスト教宣教師が来日した。布教活動にともない、いろいろなテキストが印刷された。

南島原市
天草市


文献印刷のための機械は1590年、加津佐（長崎県南島原市）のコレジオ（神学校）に置かれる。やがて秀吉による弾圧傾向を感じ取り、天草河内浦（かわちうら。熊本県天草市）に移転。天草で多くの出版物が印刷された。

### 為政者たちのキリスト教への態度

宣教師たちは有力武将と接触し、南蛮文化や技術などを紹介した。日本国内に残っているキリシタン資料は少なく、江戸時代以降の弾圧の歴史とも関わると思われる。

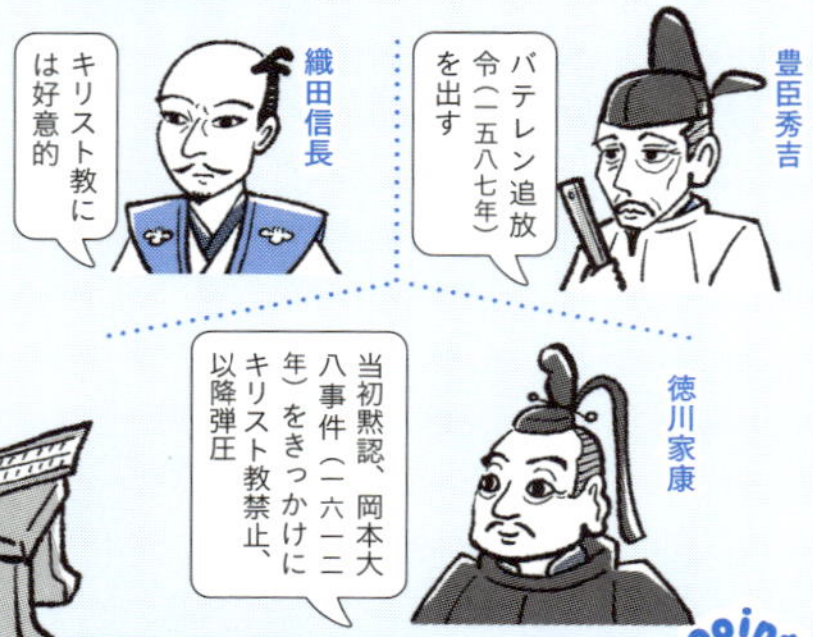

織田信長
キリスト教には好意的
豊臣秀吉
バテレン追放令（一五八七年）を出す
徳川家康
当初黙認、岡本大八事件（一六一二年）をきっかけにキリスト教禁止、以降弾圧


Point

**布教活動に伴い、記された多くの資料**

キリシタン資料には、①漢字・仮名表記と②ローマ字表記との2種類があり、記された文法書や辞書、文学作品などは**日本語の歴史**（とくに中世語）**を調べる際の必須資料**となっている。

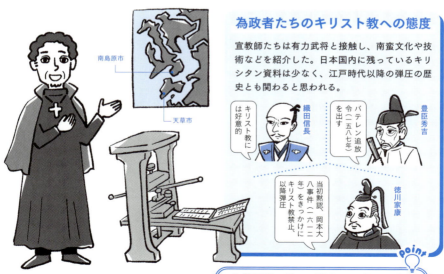

天草版『イソップ物語』はいわゆる寓話ですが、それぞれの寓話の終わりには「したごころ」と呼ばれている、教訓的なコメントが附されており、こうした「教訓」が布教の時に使われた可能性がありそうです。『平家物語』は宣教師たちが来日した室町時代の直前、鎌倉時代の日本の歴史を知るためのテキストだったのでしょう。『金句集』はことわざ、成句などが集められており、これも「教訓」として使われた可能性があ

### 発音以外の日本語観察も面白い

キリシタン資料からは、多くの中世語の「はなしことば」の実態がわかる。

aridomo 蟻ども

ixidomo 石ども

人間以外の動物や、無生物にも接尾辞「ども」が使われている。

miuomo inochiuomo vxinauǒzu
みをも、いのちをも、うしなおうず

鎌倉時代以降に現れる助動詞「うず」が使われている。「失うだろう」の意味。**学校で習う古典文法だと「むず」となるところ。言語変化が起きている。**

## 当時の発音がローマ字からまるわかり

キリシタン資料のローマ字本はポルトガル式で書かれており、仮名や漢字で書かれた当時の日本の資料からはわからないことが多く読みとれる。　※本ページの用例は天草版『イソップ物語』より

この話は「狼と七匹の子ヤギ」として知られる。したがって「Yaguiǔ」(野牛(やぎゅう))は「山羊」(ヤギ)である。

Yaguiǔno faua cufauo curaini noni izzuru toqi,
野牛(やぎゅう)の母(はわ)草を食らいに野に出(いづる)とき、

この資料では「母」の発音は「faua」と綴られ、発音は「ファワ」であったと考えられる。➡36頁

coye
声(こえ)

「ye」のyに注目！当時の「エ」は、現在の「エ」[e]の発音とは異なり、ヤ行のエ[je]で発音されていたことを示す。

Point
### ローマ字表記ゆえわかる

当時の日本語の発音がよくわかる。「安否」は「アンプ」(anpu)、「あまつさえ」(剰え)は「amassaye」と綴られていることから「アマッサエ」のように促音が入っていたことなどがわかる。

### 3つの行の「え」発音変遷

ア行［e］
ヤ行［je］
ワ行［we］

［e］が合流して［je］に(950年頃迄)

［we］が合流して［je］に(1100年頃)

江戸時代に入って［je］が［e］に。現在に至る

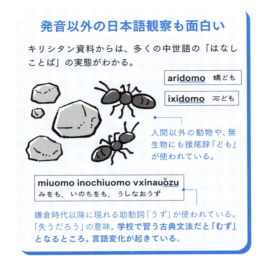

ります。これらのテキストから、当時の日本語の「はなしことば」の様子をうかがうことができます。
日本でつくられたテキストは、日本の古典文学作品などの「延長線上」にあることが多く、話題も使われる日本語も自然に限定的になっていると思われます。つまり、日本列島上であまり見かけることがない動物や、文学作品には登場

### 『日葡辞書』メモ

『日葡辞書』では国内の資料には出てこないような語の存在もわかる。鉄の鍋・釜についている煤（すす）を九州では「ヘスビ」（Fesubi）、京都では「ナベスミ」（鍋墨、nabesumi）という、蛙は「かきことば」では「カエル」（Cayeru）、「はなしことば」では「カイル」（Cairu）というなど。宣教師と数人の日本人信者により作成されたことがわかっている。

## 『日葡辞書』の成り立ち

『日葡辞書』は見出し項目総数＝32,310個（重複項目除く）。当時の「はなしことば」を中心に、方言、文書語、詩歌語、女性語、卑語、仏教語など、広範囲の言葉を収める。

宣教師の職分の一つである**説教師**は、当時の上流階級・知識人が使用する、**「品位ある標準語」**を駆使する必要があった。

宣教師の職分の一つである**聴罪師**（ちょうざいし）は、信徒の告解を聴くため、**方言や卑語を含む、広範囲の日本語**を知る必要があった。

Point

**品位ある言葉も、庶民の言葉もリサーチ**

宣教師たちは布教のため、**当時の「多様な日本語」**を知る必要がありそれを集成したのが『日葡辞書』である。

しにくい動物の名前などは日本でつくられたテキスト＝文献に「登場」しにくいと思われます。「ヤギ」はそのいい例です。天草版『イソップ物語』には、「狼と七匹の子ヤギ」と同じような話が載せられており、そこでは「ヤギ」ではなく「ヤギュウ」という語が使われています。ヤギには角がありますから、野にいる牛というネーミングでしょうか。

『日葡《にっぽ》辞書』は日本語をポルトガル語（葡語）で説明している辞書です。辞書なので、いろいろな語を見出しにしています。文学作品は、その作品のテーマにかかわる語しか使わないために、文学作品を通して、その文学作品がつくられた時期の日本語全体を観察することはまずできません。それに対して、丁寧につくられた規模の大きな辞書があれば、その時期の日本語全体の見当がつきます。『日葡辞書』はまさしくそのような辞書として、室町時代の日本語の観察にはかかせない文献になっています。九州で使われている語と京都周辺で使われている語の違いなどについても丁寧に説明しています。

## 通辞ロドリゲスの活躍

ポルトガル出身のイエズス会司祭、ジョアン・ロドリゲスは秀吉や家康とも知遇を得ていた。

ロドリゲスは1577年に来日したときは16歳であった。1610年にマカオに追放された。

ジョアン・ロドリゲス（1561～1633）

**『日本大文典』（1604～1608年、長崎刊）にみられるロドリゲスの日本語観察例**

- 動詞の活用や敬語
- 漢字の音（「こえ」）と訓（「よみ」）
- 三つの字体（真・行・草）
- 濁音（＝「にごり」）
- 卑語（「四つ仮名」の記述あり） ➡105頁
- 文体（「はなしことば」と「かきことば」など）
- 人名や地名　　など

キリシタン禁令緩和のため、ヴァリニャーノが伊東マンショらを伴い1591年、聚楽第（じゅらくてい）で秀吉と面会した際の通訳もロドリゲスが務めた。

### ロドリゲスと家康

ロドリゲスは家康に会うため、伏見城や駿府にまで訪ねていたという記録がある。

コラム

# キリシタン資料のおもしろさ

本書75頁で、天草版『イソップ物語』というキリシタン資料の話から、テキストがつくられた十六世紀の末頃には、現代日本語で「ヤギ」と呼んでいる動物が「ヤギュウ」と呼ばれていたことがわかるということを紹介しました。その他、現代では多くの人が「アリとキリギリス」として知っている話が「アリとセミとのこと」という話になっていたり、テキストの内容からもいろいろなことがわかります。

キリシタン資料には漢字と仮名を使っている「国字本」と呼ばれるテキストと、ラテン文字を使っている「ローマ字本」と呼ばれるテキストとがあります。いずれも金属活字で印刷されています。「国字本」の漢字は楷書体ではなく、行書体、草書体でつくられています。

これは当時の手書きにおいては、漢字は行書体、草書体で書かれていたからで、キリシタン資料は当時の手書き文献にちかいかたちで印刷を行なおうとしていたことがわかります。現代は、漢字は楷書体の一つである明朝体で印刷されることが多く、また手で書く時も多くは楷書体で書きます。こうした時代に言語生活を送っていると、過去には漢字の行書体や草書体が使われていたことがわからなくなります。

さて、「ローマ字本」を読むとどういうことがわかるでしょうか。ローマ字の綴り方は、綴り方を考える人の母語に影響を受けます。キリシタン資料はおもにポルトガル語を母語とする人によってつくられています。当然、ローマ字はポルトガル式ということになり、ポルトガル語を母語とする人にわかりやすいように考案されています。現在よく使われているのは、訓令式とヘボン式で、訓令式は日本語を母語とする人が考え、ヘボン式は英語を母語としていたアメリカ人のヘボン（一八一五～一九一一）が考えました。キリシタン資料で使われているローマ字の綴り方は訓令式ともヘボン式とも異なっています。例えば「ツ」は訓令式では「tu」、ヘボン式では「tsu」ですが、キリシタン資料では「tçu」と綴られています。

ハ行が「fa・fi・fu・fe・fo」であるのは、当時のハ行がそのような発音をしていたからで、これは綴り方には関わりません。サ行は「sa・xi・su・xe・so」、「シャ・シュ・ショ」は「xa・xu・xo」と綴られています。「シ」と「セ」の子音には「s」ではなく「x」が使われています。これは「シ」「セ」の子音の摩擦が、いわば「シャ・シュ・ショ」なみに強かったからだと考えられています。

仮名は日本語の音にいわば合わせて生まれているので、日本語の音を過不足なくあらわすことができます。それに対して、ローマ字（ラテン文字）は日本語をあらわすための文字ではありません。そのために、日本語があまり気を配っていない「濁音」がどこで使われているかがはっきりするというようなことがあります。「洗濯」が「xendacu」と綴られていることによって、現代日本語では「センタク」と発音されている語が、当時は「センダク」と発音されていたことがわかります。

キリシタン資料の中に、『日葡辞書《にっぽ》』と呼ばれている辞書があります。この辞書の見出しをみていくとおもしろい語があったことがわかります。

例えば、「マッパダカ」（真裸）は現代日本語でも使いますが、『日葡辞書』では「Mappajime」（マッパジメ・真初）という見出しがあります。そればかりか「Mapponajiyǒni」（マッポナジョウニ・真同じ様に）という語まであります。「Miccan」（ミッカン）は現在「ミカン」（蜜柑）と発音している語ですが、漢字をよく見れば、「ミッカン」という発音がむしろ自然かもしれないですね。また〈あっさりとした味わい〉をあらわす「Minzurito」（ミンズリト）という語があったり、〈むごい〉という語義の「Muguetçuqenai」（ムゲツケナイ）という語があったりして、今は使われない多くの語がその当時は使われていたことがわかります。

コラム

# キリシタン版の印刷

来日したイエズス会の宣教師が印刷、出版したテキストを「キリシタン版」と呼ぶことがあります。印刷をするための機械は、天正十八（一五九〇）年には、加津佐（現在の長崎県南島原市）のコレジオに置かれていましたが、キリスト教の弾圧傾向が強くなってきたために、翌年にコレジオは加津佐から天草河内浦（現在の熊本県天草市）に移転され、印刷機も天草に運ばれました。

天正十九（一五九一）年に出版されている『どちりいなきりしたん』は加津佐で印刷されたものと推測されています。また、同年には天草で、十二使徒の話をはじめとした四十ほどの聖人伝である『サントスの御作業《ごさぎょう》の内抜書《うちぬきがき》』二巻一冊が印刷されています。この時の印刷に使われたラテン文字・仮名・漢字の活字すべてが、天正少年使節がヨーロッパ、おそらく当時、印刷技術の高さが知られていたベネチアで入手してプレス印刷器とともに日本に持ち帰ったものであると考えられています。

当初は天正少年使節が持ち帰った活字で印刷を行なっていたのですが、日本イエズス会は慶長三（一五九八）年には二五〇〇字を超える行草書体の漢字活字を日本で新たにつくったことがわかっています。そして漢字活字の「総見本帳」をかねた、『落葉集《らくようしゅう》』という漢和辞典を印刷、出版しています（↓13頁例8）。

キリシタン版は室町時代末期に印刷が行なわれました。少し後、江戸時代の初期頃には古活字による印刷が行なわれるようになりました（↓110頁）。この古活字による印刷がキリシタン版の影響を受けているという説があります。まだ定説とまではいえないのですが、古活字版も漢字は行書体、草書体で平仮名は手書きの字形にちかい活字によって印刷されており、その点はキリシタン版と古活字版とは共通しています。

コラム

# 中世のなぞなぞ

　本書36頁で採りあげた「母には二度あひたれども父には一度もあはず」は『後奈良院御撰何曽《ごならいんぎょせんなぞ》』と呼ばれる、中世のなぞなぞを集めた本に収録されています。この本のなぞなぞは「◎◎とかけて××と解く。その心は△△」にちかい形式で、「その心は」にあたることを考えるなぞなぞです。

　例えば「ヤブレカチョウ」（破れ蚊帳）の答えが「カイル」です。この「カイル」は現代日本語では「カエル」（蛙）と発音している語ですが、中世には「カイル」という発音があったと思われます。「ヤブレカチョウ」は破れた蚊帳なので蚊が入ってしまう、「蚊、入る」つまり「カイル」ということです。破れた蚊帳と蛙との取り合わせがおもしろいということでしょう。「母には二度あひたれども」の謎によって、この謎がつくられた時期には、「ハハ」が両唇音（唇を合わせて調音する音）であったことがわかりましたが、「ヤブレカチョウ」の謎によって、この時期に「カエル」を「カイル」と発音することがわかります。

　「水」とかけて「ユデナシ」（茹でた梨）という謎もあります。中世に梨を茹でたかどうか、そういうものが実際にあったかどうかわかりません。おそらくはなかったと思いますが、茹でた梨が面白いのでしょう。水は湯ではない、が答えですね。

　漢字を使った謎もあります。「嵐は山を去って軒の辺《へん》にあり」の答えが「風車」です。「山を去る」を「山を除く」と考えると、「嵐」という漢字から山を除くと残りは「風」です。「軒」という漢字の偏《へん》は車偏なので、「風+車」で「風車」ということになります。〈あたり〉という意味の漢語「ヘン」（辺）と漢字の「偏」とをかけた謎ですね。

　なぞなぞを通して、当時の日本語の発音や語形などがわかるところがおもしろいですね。

## 近代語の足音が聞こえる
# 文法上の大きな変化

いわゆる「散文」の場合、どこで「文」が終わるかがわかりやすいことは大事なことです。活用をする語、すなわち語形が変わる語は、終わりにはこの語形を使うということが定まっています。それが「終止形」です。

「連体形」はその名のとおり、体言につながる形ですが、次に来るはずの体言を省略すると、形としては「言いさし」のようになり、それが「余情表現」のようにはたらくと考えられています。

係り結びは、文中に係助詞を使い、文末を「終止形」ではない「連体形」や「已然形」にすることによって、文全体が強調表現であることを示していました。ところが、次第に、文中に係助詞が使われていないのに、「連体形」で終わる「連体形終止」がみられるようになっていきます。こうなると、文中に係助詞が使われていない通常の表現と、文中に係助詞を使った強調表現と

## 連体形と終止形の合一化

文末に、終止形ではなく連体形を使う用法が多用化した。連体形が文の終止形式として一般化していった。

勘解由《かでの》小路《こうぢの》二《に》品《ほん》禅門《ぜんもん》は、「額懸くる」とのたまひき。（『徒然草』一六〇段）

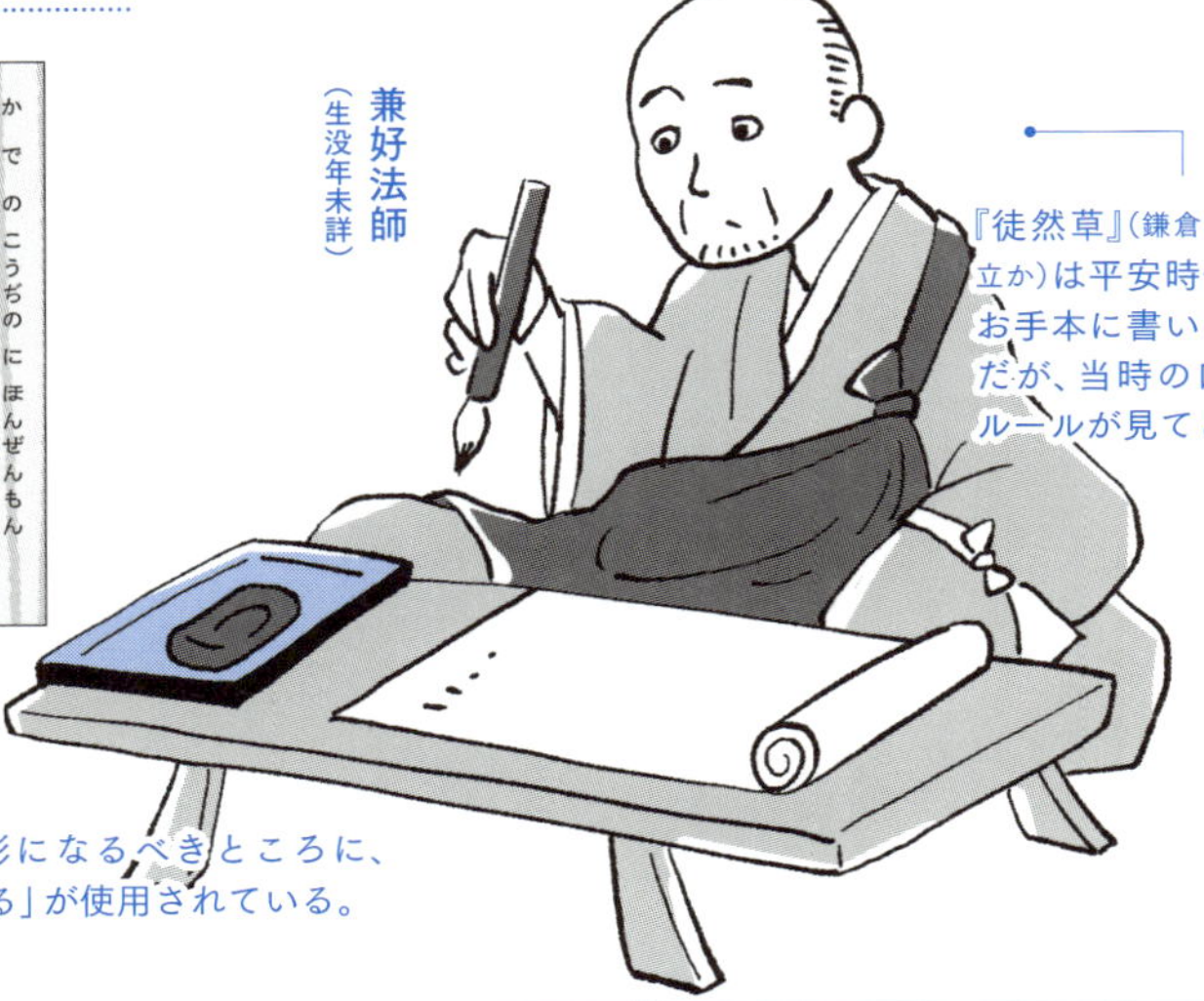

兼好法師（生没年未詳）

『徒然草』（鎌倉時代末期頃成立か）は平安時代の文章をお手本に書いた「擬古文」だが、当時の口語の文法ルールが見てとれる。

「懸く」と終止形になるべきところに、連体形の「懸くる」が使用されている。

**Point**

### 変化しゆく文法ルール

『徒然草』には、他にも希望の助動詞「たし」の使用（「まほし」が衰退して代わる）や、ナリ活用型形容動詞の連体形「〜な」の使用が見られ、これらも**当時の口語を反映している**と考えられる。

### 「連体止め」は何を示す？

文末を連体形で言い切る「連体止め」は、もともと話し手の強い感情を示す方法であった。

雀の子を犬君が逃しつる（『源氏物語』若紫）

の区別がなくなってしまいます。そして、文の終わりを示す「終止形」のもつ終止の機能が「連体形」にもあることになってしまいます。こうした現象を「連体形終止形の合一化」と呼びます。

室町時代になると、「コソ」がないのに已然形で終わったり、「ゾ」を使っているのに、終止形で終わったり、已然形で終わる例などもみられるようになり、古代語を特徴づけていた「係り結びの法則」が鎌倉時代、室町時代に崩壊していったことがわかります。

江戸時代の国学者、本居宣長《もとおりのりなが》は「日本の初め」がどのようであったかを知ろうとして、『古事記』を精密によみ、『古事記伝』をあらわしました。宣長は生涯和歌をつくり続け、その一方で、『古今和歌集』をはじめとする勅撰集を丁寧に読んでいます。『古今和歌集』の和歌を江戸時代のことばに訳した『古今集遠鏡《とおかがみ》』という本も著わしています。そうしたことから係り結びの法則に気づきました。自身が気付いたことを『てにをは紐鏡《ひもかがみ》』という一枚の図表にまとめています。

## 係り結びの崩壊

係助詞がないのに結びが連体形で終わる和歌がある。ここから係り結びの崩壊がみてとれる。

永福門院（歌人）
（1271～1342）

何となき草の花さく野への春
雲にひばりの声ものどけき
（『風雅和歌集』（一三四九年頃成）一三二番歌）

**Point**
**係り結びの呼応関係に注目**
係り結びの**呼応関係が乱れている。**

連体形を要求する係助詞が使われていないのに、形容詞「のどけし」の連体形「のどけき」で和歌が終わっている。

### 本居宣長による「てにをは不調歌」の指摘

宣長は、係助詞がないのに「結び」が連体形で終わっている和歌を二十一代集から抜き出している。その中でも特に、「玉葉風雅にのみおほい（＝多い）」と述べており、『玉葉和歌集』『風雅和歌集』に「てにをは不調歌」（＝「てにをは」が整っていない歌）が多いことを指摘している。

おほよそ上にぞのや何等の辞なくして。きともしきとも結びたる歌の。廿一代集の中に載れるは右の如し。
（『詞玉緒』一七七九年成）

# 過去・完了の助動詞「た」

## 「た」が担う役割拡大

連体形「た」は状態が継続していることをあらわすようになる。

cono furoyanoiricuchini togatta ixiga atte
この風呂屋の入り口に尖った石があって
（天草版『イソップ物語』）

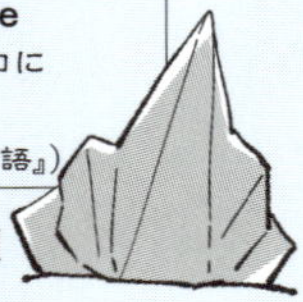

この用法は、「書類の入ったケース」のように、現代日本語にひきつがれている。

平安時代では、過去を表す助動詞は「き」「けり」、完了を表す助動詞は「つ」「ぬ」「たり」「り」を用いる。これは学校で習った古典文法どおり。しかし**中世語（鎌倉・室町時代）では「たり」に一本化され、やがて連体形「たる」の語尾が脱落した「た」の形で用いられる**ようになる。

Point

### 「た」への集約

現代語の「た」を考えると、「バスが来た」のように待っていたことがらが実現しつつあることを示す用法や「明日は休みだったっけ？」のような「思い出し」の用法などもあり、いろいろな意味をあらわすようになっている。

# 京へ筑紫に坂東さ

方向を表す助詞が、当時、地域で異なっていたことを表す諺。三条西実隆（さんじょうにしさねたか）の日記『実隆公記』（1496年正月9日）に見られる。

## 三条西実隆メモ

三条西実隆は当代きっての文化人であった。日記である『実隆公記』は、記録期間が実隆20歳（数え年）の1474年正月から死の前年、82歳の1536年2月までの62年間の長期にわたり、欠落部分も少なく、政治から世相まで話題も多岐にわたり記録されている。

# 代名詞

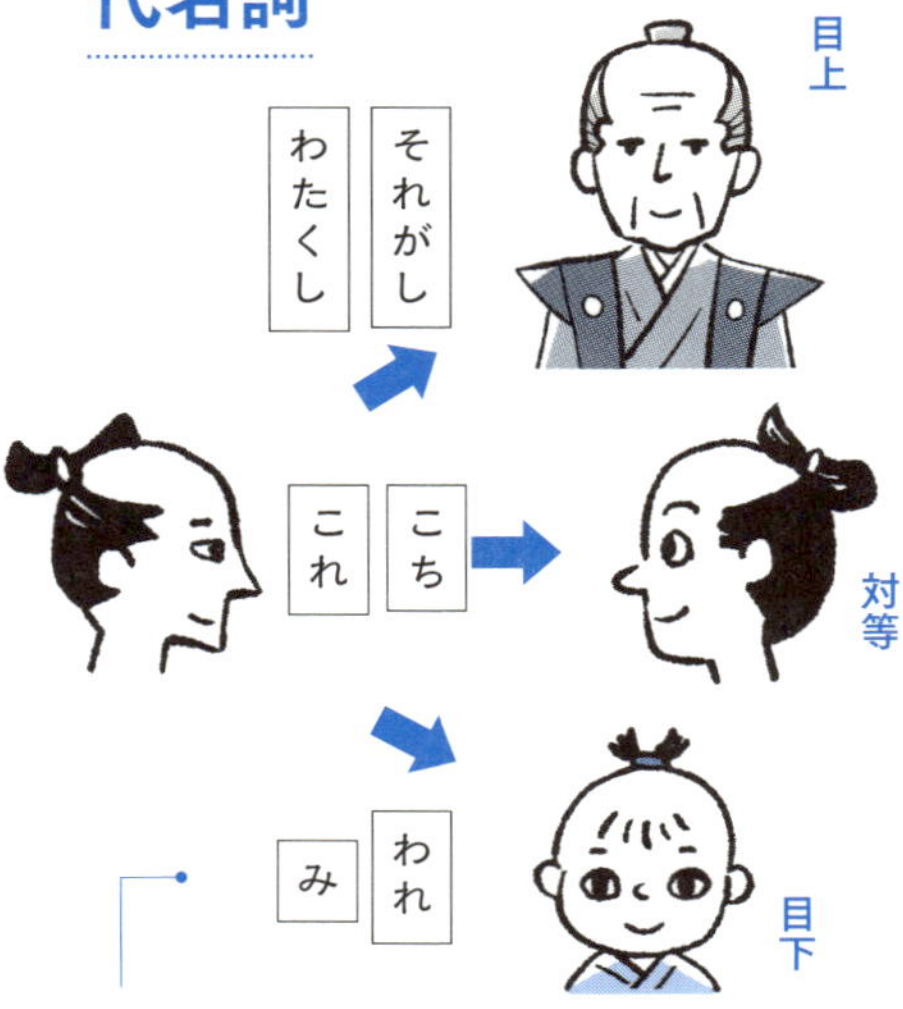


代名詞はコソアド体系がととのい、人称詞では、室町末期には相手が目上か目下かで使い分けが行なわれるようになった。

コラム

# 紀貫之と本居宣長は話ができるか？

紀貫之《きのつらゆき》は貞観八（八六六）年～貞観十四（八七二）年頃に生まれ、天慶八（九四五）年頃に没したと考えられています。九世紀半ば過ぎから十世紀半ば頃の人とみればいいでしょう。一方、本居宣長《もとおりのりなが》は享保十五（一七三〇）年に生まれ、享和元（一八〇一）年に没しているので、十八世紀中頃から十九世紀はじめにかけての人といえるでしょう。両者の生存した時期は九百年ぐらい隔たっています。

日本語を平安時代までの「古代語」と、江戸時代からの「近代語」の二つに分けることがあります。そのことをあてはめるならば、紀貫之は古代語の人で、本居宣長は近代語の人ですね。ということは…、そうです。二人が直接話すのは意外と難しそうです。例えば英語の「river」にあたる和語は貫之だったら、「カファ」と発音するはずですが、「ハ行転呼《てんこ》音《おん》現象」後の本居宣長は、現代人と同じように「カワ」と発音します（➡39頁）。

過去の「はなしことば」全体がどのようであったかは、あまりわかっていません。「録音」することができないので、「はなしことば」そのままが記録されていないわけです。「はなしことば」の要素が残されている「かきことば」はないではないですが、それは、結局「はなしことば」そのままではないことになります。例えば、係り結びの法則は、「かきことば」では鎌倉時代頃から「違反例」が増えていき、室町時代頃にはほとんどくずれた状態になっていますが、もしかすると、「はなしことば」ではもっと早くから係り結びの法則がくずれているかもしれません。

紀貫之と本居宣長はどうすれば話ができるのか？それは「古代語」と「近代語」の過渡期に生きた人、例えば鴨長明《かものちょうめい》（一一五五～一二一六）を連れてきて「通訳」をしてもらうといいかもしれません。

## 「集団意識」から生まれた女性語

# 女房詞

一つのことがらをあらわす語は一つあればいいので、厳密にいえば、「同義語」は存在しないことになります。それでも一つのことがらをあらわす語が複数あるのは、そこに何らかの「違い」があるからといえるでしょう。「女房詞《にょうぼうことば》」と呼ばれる一群の語は、一般にひろく使われている語を使わないところが、いわばみそ、ということになります。

女房詞と呼ばれる語の中には、「オデン」のように、現代日本語ではむしろそれ以外の語が使われていない語も少なくありません。「オデン」は「デンガクヤキ」(田楽焼)、「デンガクドウフ」(田楽豆腐)の「デン」に接頭辞「オ」をつけた語ですが、「デンガクドウフ」と「オデン」とは食べ物としても異なる物になっていますね。

## 女性語の源流

女房詞は、内裏や御所に宮仕えする女房たちが使い始めた言葉である。

女房詞は、身近な衣食住にかんする語が多い。

**女房詞の種類と例**

| | |
|---|---|
| 文字詞《もじことば》 | ・しゃもじ（杓子）<br>・おくもじ（奥さん）<br>・ひもじ（ひもじい） |
| 語頭に「お」を付ける | ・おかず（お菜）<br>・おひや（お冷）<br>・おでん（田楽） |
| その他 | ・かうかう（香の物）<br>・とと（魚） |

Point

**後の時代にも続く女性語**

女房詞は優雅な響きのためか、公家や将軍家や武家、江戸時代には町家の女性にも伝わり、**現代では一般化して気づかないほど広まった語もある。**

**記された女房詞**

『大上臈御名之事』（おおじょうろうおんなのこと）には100余りの女房詞が記され、『日葡辞書』や『海人藻芥』（あまのもくず）などの有職故実書にも紹介される。

コラム

# いろいろないいかた

同じような語義をあらわす語が、男性、女性によって違う語形であることや、世代によって違う語形であることがあります。現代日本語においてはそれほど顕著ではなくなってきているかもしれませんが、男性が「オレ」という一人称を使い、女性は「ワタシ」という一人称を使うということがありますね。

言語は、その言語を共有して使っている人々がいるということが大前提ですから、同じジェンダー、同じような年齢の人が小さな集団を形成して、その集団内で言語を共有するということは自然なことといってよいでしょう。その集団が他の集団とあまり接触することがなければ、集団内でのみ使われる語が生まれていくことになります。また、言語生活は社会生活の中で行なわれますから、生まれ育った社会のありかたなどが、言語と深い関わりをもつことも自然です。例えば、現在は自分用のパソコンを持っている人が多いでしょう。パソコンが普及する前には、文書を作成し、それを印刷することにいわば特化された「ワードプロセッサー」（ワープロ）がありました。ワープロがひろく使われるようになって、論文などをワープロでつくって提出することができるようになりました。そうすると、「論文は手書きで投稿しますか、ワープロで投稿しますか」と問われるようになります。現在はワープロはほとんど使われていないと思いますが、それでも「ワープロ原稿」というようないいかたは残っており使われています。

階層や社会的な身分の別がはっきりしていて、そこに言語生活を営み集団が形成されると身分によって使うことばが異なるようになります。「山の手」や「下町」といういいかたが生まれる背景には集団の形成があると思われます。同じ職業の人同士でのみ通じることばもありますが、そうしたことばは「隠語《いんご》」と呼ばれることもあります。

コラム

# 「私、今、ヒ文字よ」

現在出版されている小型の国語辞書である『三省堂国語辞典』第八版（二〇二二年）は「ひもじい」を見出しにして、「非常に腹がへっている」と説明し、「ひもじい思いをする」という使用例を示しています。「ヒモジイ」は現代日本語の中で頻繁に使われる語ではないと思いますが、使わない語とまではいえないでしょう。

庄野潤三《しょうのじゅんぞう》が昭和三十七（一九六二）年の『群像』七月号に発表した作品「薪小屋《たきぎごや》」には「私の胃袋の方もひもじい思いはするまいという見当をつけて…」というくだりがあります。ここではごく自然に「ヒモジイ」という語が使われているように思われます。

さかのぼって、明治二十四（一八九一）年に刊行を終えた国語辞書『言海』（➡134頁）は「ひもじ」を見出しにして、「ひだるきコトヲ、ひ文字、トイヒテ、更ニ活用シタル女房詞ナラム」とまず説明をして、さらに「饑ヱ《ウ》タリ。腹減リタリ。ヒダルシ」と説明しています。この語釈中で「女房詞」という用語が使われています。『広辞苑』（第七版、岩波書店）は「にょうぼうことば」を見出しにして、「室町初期ごろから、宮中奉仕の女官が主に衣食住に関する事物について用いた一種の隠語的なことば。のち将軍家に仕える女性から、町家の女性にまで広がった。飯を『おだい』、肴を『こん』、鯉を『こもじ』、団子を『いしいし』、浴衣を『ゆもじ』という類。御所詞《ごしょことば》」と説明しています。

〈空腹である〉という語義をもつ「ヒダルシ」の先頭の「ヒ」を採り、それに「文字」をつけて「私、空腹よ」とあからさまに言うのではなく、暗号のように、「私、今、ヒ文字よ」と言ったのが女房詞ということになります。御飯をよそう時に使うものは「しゃもじ」ですよね。これは現代日本語でも使っていますが、これは「シャクシ」（杓子）の「シャ」を採った「シャ文字」です。このように語の先頭の発音を採って「文字」を付けて、すぐにはわからないようにした語を「文字ことば」といいます。『言海』は「ひもじ」の語釈で「更ニ活用シタル」と述べていますが、「ヒモジ」は名詞で、それに「イ」をつけることによって、形容詞のようにしたということを説明しています。

髪、あるいは付け髪＝ウィッグのことを「かもじ」と言うことがあります。この「かもじ」も文字言葉で、「カミ」（髪）または「かずら」（鬘）、「かか」（母）などの「カ」に「文字」を付けたものです。あるいは浴衣のことを「ゆもじ」と呼ぶことがありますが、これは「ユカタ」（浴衣）の「ユ」に文字をつけたものですね。ちなみにいえば、「ユカタ」も「ユカタビラ」の省略語形です。

歌舞伎や人形浄瑠璃の台詞で「おはもじさま」と言っているのを聞いたことはないでしょうか。「お」は接頭語で、「はもじ」は「ハズカシイ」（恥）の「ハ」を採った文字言葉です。二人称として使われる「そもじ」も「ソナタ」の「そ」を採った文字言葉です。

応永二十七（一四二〇）年に成立したと考えられている『海人藻芥《あまのもくず》』という文献があります。その中に女房詞があげられている箇所があります。飯は「供御《くご》」、御酒は「九献《くこん》」、餅は「カチン」、味噌は「ムシ」、塩は「シロモノ」、豆腐は「カベ」、素麺は「ホソモノ」、松茸は「マツ」、鯉は「コモシ」、鮒は「フモシ」、ツグミは「ツモシ」、ツクヅクシ＝ツクシは「ツク」、蕨《わらび》は「ワラ」と記されています。

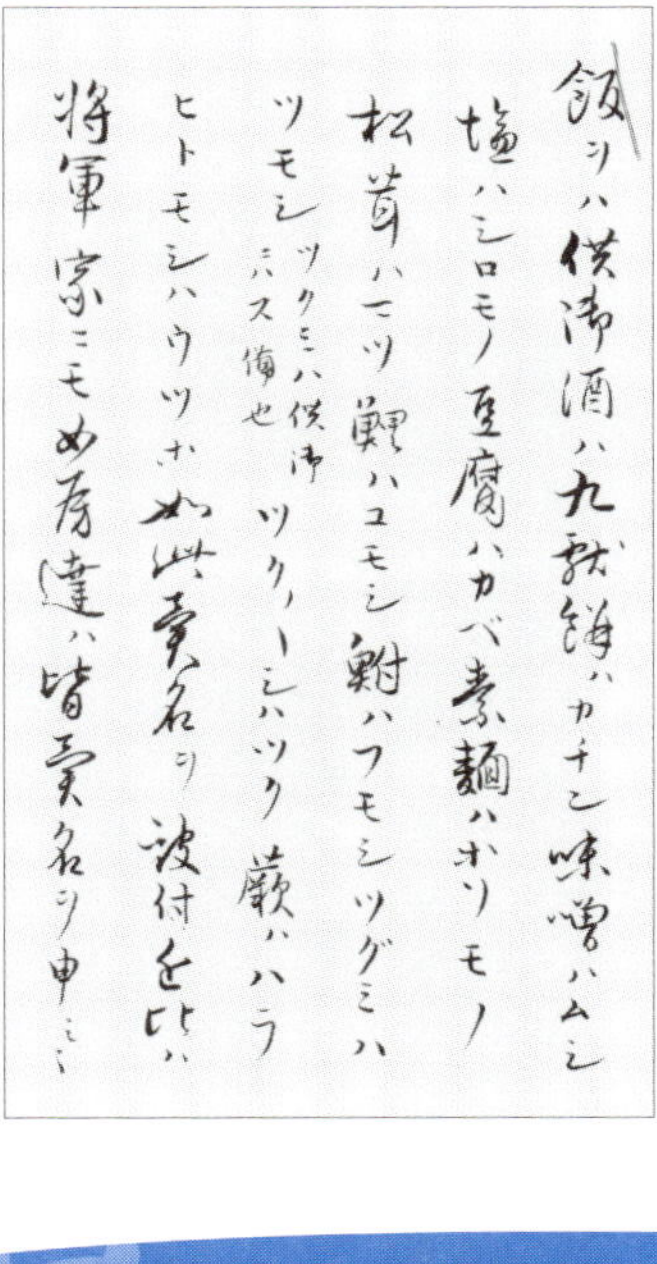

『あまのもくづ』東北大学附属図書館所蔵　狩野文庫
（国書データベースより）

## 中世の「はなしことば」を探る
# 抄物と狂言台本

現代のように、「はなしことば」をそのまま記録する手段がない時期に、どのような「はなしことば」が使われていたかを知ることは難しいことです。そうした時期には、結局は文字によって「はなしことば」を記録する＝書き留めるしかないわけですが、文字によって書き留めたものは、「はなしことば」そのものではないことになります。そもそも文字によって書き留めるということには「情報」を記録するという目的があり、「はなしことば」の姿＝形をそのまま残すことが目的というわけではありません。

さて、中世には、仏家や儒家、神道家、公家などの人々がいろいろな内容の講義をするようになりました。講義をする人が講義の手控えをつくることもあり、また講義を聞いた人が講義の聞き書き＝ノートをつくることもありました。そうしたものを「抄物《しょうもの》」と呼んでいます（➡12頁

### 抄物

中世語をうかがう資料の一つに、「抄物」というジャンルがある。

講義する人
室町期の仏家、儒家、神道家、公家などの人びと
抄物の種類
・あらかじめ準備した講義の手控え、講義の聞き書き
・上記を集大成して編纂したもの
講義する内容
漢文体で書かれた国書、漢籍、仏典など


Point

**「講義」だからあらわれる「はなしことば」**

抄物は漢字片仮名交じりで書かれることが多く、**講義中のことばが反映されており、当時の「はなしことば」や俗語が記されている。**

例5）。講義の手控えを話すようにつくらなくてもいいわけですが、やはりどうしても「はなしことば」的な面が含まれますし、聞き書きは、さらに「はなしことば」にちかいものになりやすいといえるでしょう。「かきことば」が安定し始めたのが鎌倉時代ですが、室町時代になると、その「かきことば」が少し「はなしことば」にちかづくことがあったということです。

現在でも狂言が演じられていますが、狂言には台本があり、その台本に書かれている台詞《せりふ》は中世の「はなしことば」をかなり反映していると考えられています。狂言は、当時の日常生活を題材にしていることが多く、会話を中心にしているので、当時の日常生活で使われる日本語をうかがう恰好の資料となっています。狂言のことばは古代日本語から近代日本語へと移行していく過渡期＝中世語なので、現代でも狂言の台詞がわかるように感じますね。それは狂言のことばが、『源氏物語』のような古代日本語よりはずっと現代日本語にちかくなっているからです。

## 狂言台本

室町時代に成立した演劇である「狂言」。その台本に書かれた台詞は、中世の「はなしことば」を反映しているとされる。

狂言は、中世庶民の生活を題材に描いた喜劇。現在演じられている狂言の舞台も、演者は中世日本語を話していることになる。

「コンニチハ」（今日は）が「コンニッタ」、「ネンブツヲ」（念仏を）が「ネンブット」のように融合して発音される「連声（れんじょう）現象」もみられる。

### 流派や書写者が異なる台本

言語資料として活用できるもので現代に残っている狂言台本は、江戸時代に写されたものが多い。大蔵（おおくら）流や和泉流などの流派があり、大蔵流の台本としては虎明（とらあきら）本や、虎清（とらきよ）本、虎寛（とらひろ）本などが知られており、書写年代の異なる台本のセリフを比べて日本語の観察を行なうこともある。

### Point 台本から観察する「ござる」の変化

狂言台本は、主に文法史や敬語などの待遇表現史をうかがうために用いられてきた。「ゴザアル」「ゴザル」「オヂャル」などの敬語補助動詞が使われている。

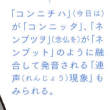

コラム

# 仮名草子のことば

江戸時代初期につくられた小説や随筆などを総称して「仮名草子」と呼ぶことがあります。漢文で書かれた学術的な要素をもつテキストに対して、仮名で書かれた通俗的で平易な娯楽的読み物という意味合いの呼び名ですが、中世の「御伽《おとぎ》草子」に連なり、井原西鶴らの「浮世草子」へと展開していくものとして位置づけられています。

室町時代から江戸初期にかけてつくられたと考えられている御伽草子は、平安・鎌倉時代の物語文学の作者がおもに公家階級に属している人であったのに対して、公家以外にも僧侶や教養のある武家がつくったものもあると考えられています。また、それまでの物語文学のように少数の人々が読んだのではなく、広い階層の読者が想定されていると思われます。室町時代の世相を反映して、短時間で楽しめる作品が多くみられます。「一寸法師」「浦島太郎」「物くさ太郎」「鉢かつぎ」など、後に童話などになっているような、よく知られている作品もあります。「御伽草子」は自分で読んだり、人に読ませて聞いたりするようなものだったと推測されています。

一方、「仮名草子」は江戸時代の安定性を背景にしてつくられていると考えられています。

怪談、軍記、種々の説話集の翻訳、教訓的な談話集、裁判物、記録物、動物寓話、記録物、咄《はなし》本など仮名草子の内容はさまざまです。『きのふはけふの物語』や『醒睡笑《せいすいしょう》』のような滑稽な話を集めた小咄集は後には噺本や落話になり、落語へとつながっていく話もあります。中国の裁判小説である『棠陰比事《とういんひじ》物語』や中国の『剪灯新話《せんとうしんわ》』を日本の話につくり替えた浅井了意《あさいりょうい》『伽婢子《おとぎぼうこ》』などもあります。『枕草子』をもじった『犬枕《いぬまくら》』、『伊勢物語』をもじった『仁勢《にせ》物語』など、古典文学作品のパロディもあります。パロディがあるということは、それだけ古典文学作品も読まれていたということになります。

実際に口頭で語られ、聴衆に感銘を与えたものが文字化されて残されていることが多いので、文語文＝「かきことば」の中に「はなしことば」の調子が残されています。仮名草子にみられる「はなしことば」の特徴としては次のようなことがあげられます。

①俗語が使われる。
②「てにをは」が省略されることが多い。
③挿入句が多い。
④現在形で話が進行することが多い。
⑤同じ内容が繰り返し述べられることが多い。
⑥話の内容をまとめるはたらきをもつ諺《ことわざ》などが使用されることが多い。

右の①～⑥はまさに「はなしことば」がもっている特徴で、「器」としては「かきことば」を使いながら、内容を形づくる日本語には「はなしことば」があちらこちらに顔を出しているといえます。「はなしことば」と「かきことば」との「距離」が遠くなると、これまでの「かきことば」では、「江戸時代」を具体的に描き出すことができなくなっていたのでしょう。「かきことば」では遠い昔のことしか表現できないといったような感覚があったのかもしれません。

「はなしことば」と「かきことば」は異なるものとしてとらえる必要がありますが、当然のことながら、両者がまったく無関係に存在しているのではありません。文字を使う人が増えていくにしたがって、「かきことば」も変化する必要が生まれてきました。「はなしことば」と「かきことば」の「距離」は明治の「言文一致運動」をまたずに、次第に接近していったとみることができます。

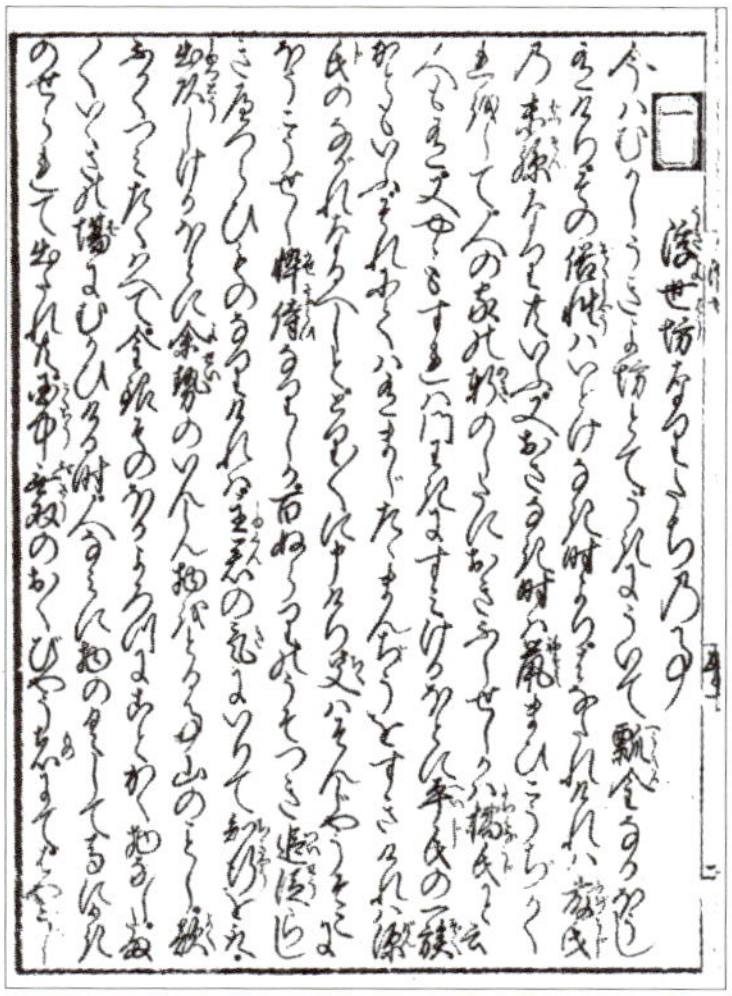

浅井了意『浮世物語』東京大学総合図書館霞亭文庫所蔵（同大学デジタルアーカイブポータルより）

# 近代語編

江戸時代から近代日本語（近代語）の時代が始まります。室町時代までは手で写すことによって言語情報が伝えられる「手書きの時代」ですが、江戸時代からは、印刷することによって、「同じ言語情報」すなわち「同じテキスト」を大量につくることが可能になりました。文字を読み書きする人は増え、「不特定多数の読み手」が生まれました。

また「かきことば」の中に「はなしことば」が入り始めました。中国では明時代の末ぐらいから、中国語の「はなしことば」が小説の中で使われるようになりました。それが日本にも輸入され、これまでの古典中国語とは異なる近代中国語に接するようになり、日本語全体が大きく変わり始めたのが、近代語の時代です。

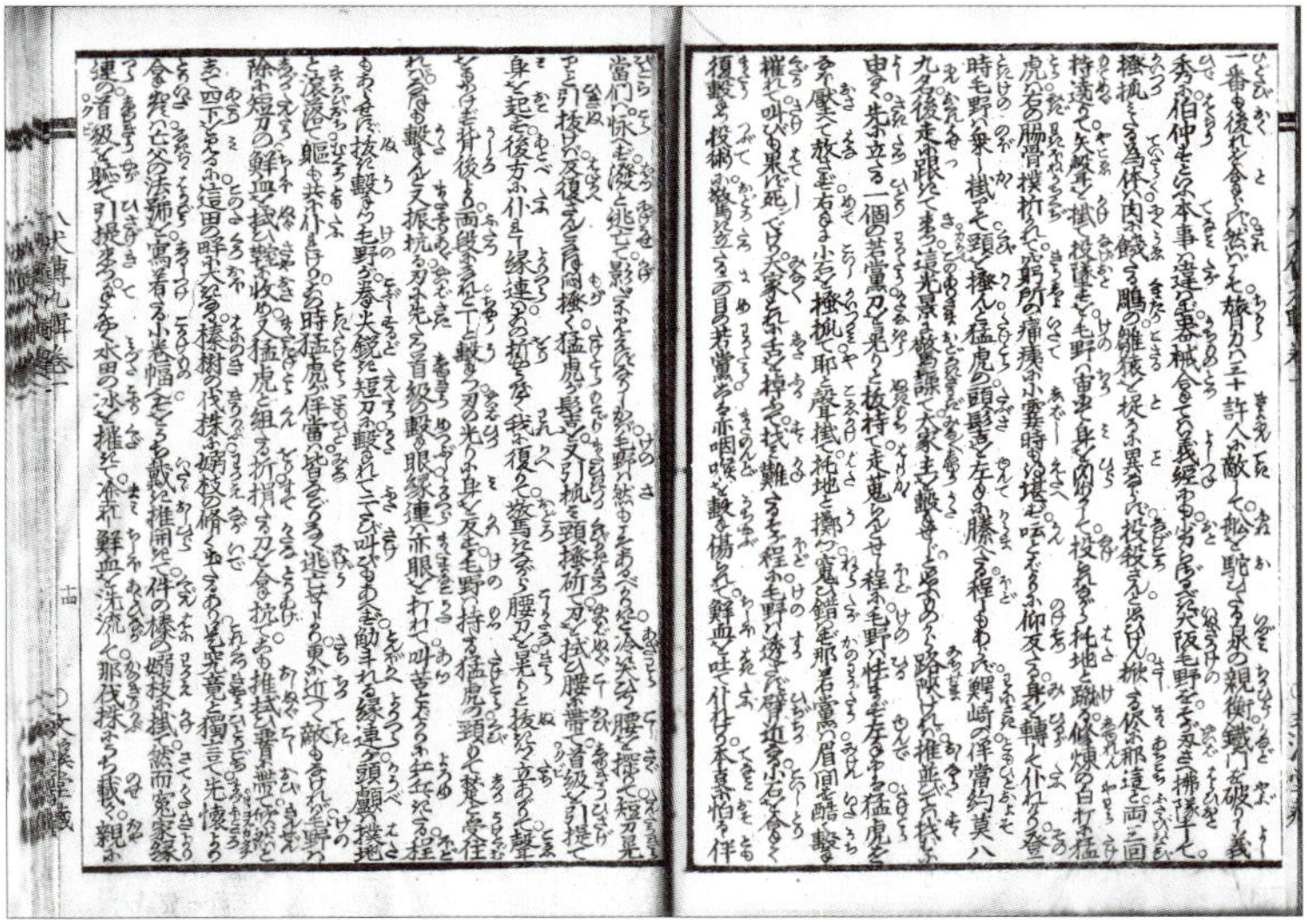

『南総里見八犬伝』

「不特定多数の読み手」が読めるようにするために、振仮名が最大限に使われるようになった。振仮名は「読み」を示すことを超えて、和語と漢語とを架橋し、日本語の表現にも深くかかわってくる。

➡ 140 頁

## 式亭三馬作品から探る
# 東西差と江戸語

江戸時代の前半は京都・大坂が文化の中心で、後半になると江戸が文化の中心になっていきます。交通網は次第に整備され、発達し、物や人の移動が次第に活発になっていきます。京都・大坂で出版された本が、江戸でも出版、販売されるようになっていきます。江戸の文化は、交通網と貨幣経済によって支えられていたといってもいいかもしれません。

人が移動し、交流するようになると、言語の空間差＝方言が注目されるようになります。ことばの違いはおもしろさでもあり、式亭三馬《しきていさんば》は『浮世風呂』の中で、上方語と江戸語との違いをおもしろおかしく採りあげています。

三馬は『浮世床』（➡15頁例11）二編の巻の下の末尾で「俗談平話」つまり卑近な俗語や日常の話しことばを使って「人情のありさま」を詳しく描写することを述べており、積極的に俗的な

## 上方女vs. 江戸女

式亭三馬による『浮世風呂』(1809～1813年刊)には、上方女と江戸女が嘲り合う様子が描かれている。

①へ、関東べいが、②さいろくをぜへろくと、けたいな詞《ことば》つきじやなア。お慮外《りよぐわい》もおりよげへ、③観音《くわんおん》さまもかんのんさま、なんのこつちやろな。④さうだから斯《かう》だからト、あのまア、からとはなんじやヱ。

**江戸女→上方の人々のことばづかいを嘲る**

「し」と言うべきところを「ひ」と言う(「叱り手」(しかりて)を「ひかり手」と言う)こと

ひかり人《て》ツサ。ひかるとは稲妻《いなづま》かへ。おつだネヱ。江戸《えど》では叱《しか》るといふのさ。アイそんな片言《かたこと》は申ません。

**上方女→江戸の人々のことばづかいを嘲る**

①文末に「べい」を付けること、②[ai](**さい**ろく)という連母音を[ee](**ぜへ**ろく)と言うこと、③「クヮ」(**くわ**んおん)を「カ」(**か**んのん)と言うこと、連声(れんじょう)を起こす(くわん**お**ん→かん**の**ん)こと、④接続助詞「から」を使用すること(上方では「さかい」を使用)

Point

### 『浮世風呂』にみられる現代につながる発音

上の③の「クヮ」→「カ」は**「合拗音（ごうようおん）の直音化」**と呼ばれ、「クヮ」と「カ」の発音が区別されていたのが江戸語では直音に統一されており、上方においても江戸後期には直音化して現在に至る。また、**連声を経た「かんのん」の発音も現代語で行なわれており**、「因縁」を「いんえん」ではなく「いんねん」、「雪隠」を「せついん」ではなく「せっちん」と発音するのも連声による。

「はなしことば」を作品にとりこんでいたと思われます。

現在の東京方言では「イコウ」(行)と言いますが、江戸時代の関東・東北方言では「イクベ」あるいは「イクベイ」と言うことが多く、「関東ベイ」と呼ばれ、上方方言の使い手の嘲《あざけ》りの対象になることもあったようです。関東方言では、「ダイク」(大工)を「デーク」のように発音することがありますが、これは連母音［ai］を長母音［ee］のように発音する現象で、「上方女」はこのことや、接続助詞「カラ」について話題にしていますね。

漢字と平仮名で書かれているテキストにおいて、小さく書いた「ァ」や「ッ」が使われることがあります。仮名を使って自分の発音をどのように文字化すればよいか、どのように文字化すれば自分の発音に近いかということを、三馬はよく考え工夫していたのでしょう。それだけ、発音と文字化のしかたの両方が意識されていたといえるでしょう。ただし、いわゆる「地の文」においては「かきことば」が使われていました。

## 江戸の庶民の言葉

式亭三馬は、生き生きとした江戸っ子の言葉をあらわしており、表記にもその工夫の跡がみえる。一方、地の文は日常会話とは異なる文体であることにも注目。

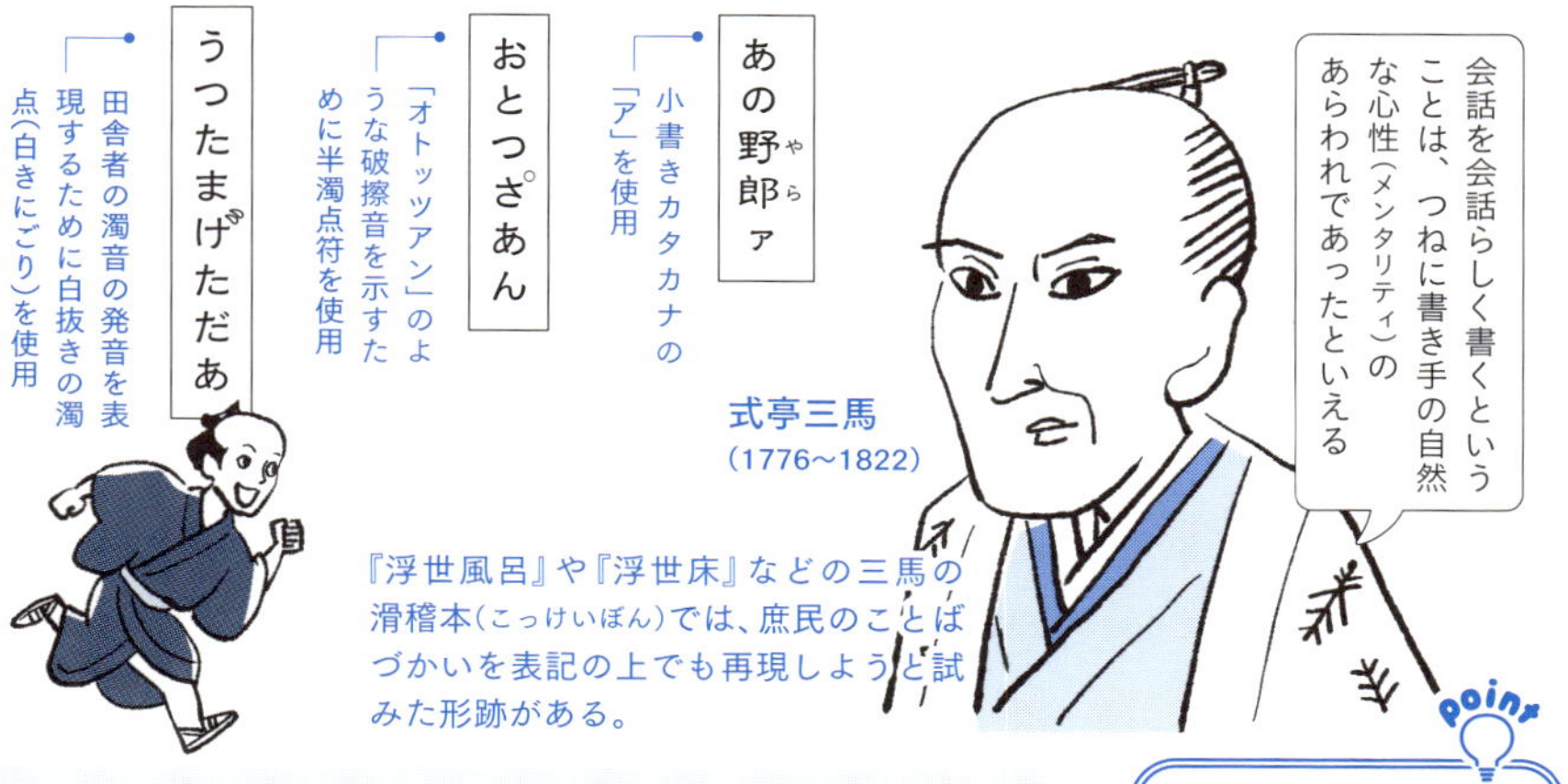
あの野郎《やら》ァ
小書きカタカナの「ァ」を使用
おとつ゚さあん
「オトッツアン」のような破擦音を示すために半濁点符を使用
うつたまげただあ
田舎者の濁音の発音を表現するために白抜きの濁点(白きにごり)を使用
会話を会話らしく書くということは、つねに書き手の自然な心性(メンタリティ)のあらわれであったといえる
式亭三馬
(1776〜1822)
『浮世風呂』や『浮世床』などの三馬の滑稽本(こっけいぼん)では、庶民のことばづかいを表記の上でも再現しようと試みた形跡がある。

### 「会話」と「地の文」の温度差

今日《こんにち》煤湯《すすゆ》を沐《あび》て、五塵《ごぢん》の垢《あか》を落し、明日《みやうにち》貰湯《もらひゆ》に入《いり》て六欲《ろくよく》の皮を磨《すりむ》き、いつも初湯《はつゆ》の心地《ここち》せらるるは、げにも朝湯の入《いり》加《か》減《げん》、嗚呼《ああ》結構とやいはん。

左は『浮世風呂』の地の文である。三馬の滑稽本の会話部分には当時の江戸っ子の言葉が反映される一方、地の文には当時の庶民の日常会話では用いない漢語や、滅びたはずの係り結びまで使われている(「結構とやいはん」)。これは、口語が現れる資料においても、地の文では「かきことば」の使用が主流であったことを表す。

Point

### フィクションのことばづかい?

三馬の作品は、その詳細な会話描写から、江戸語資料の特に代表的なものとみなされる。一方、いかにも本当らしく描写しようとしている態度が、当時の江戸語を誇張したものである可能性も考慮に入れる必要がある。

現代日本語においては、「はなしことば」にはあまりちがいがないように感じますね。それでも、話す相手によって、話し方が違ってきますし、家族で話す時と、友達同士で話す時とでは、使う「はなしことば」に違いがあります。どういう「場」で使うかということが、使うことばに影響を与えることは少なくありません。

江戸時代は「士農工商」という身分がはっきりしていました。大きな都市に住む職人や商人を「町人」と呼ぶことがあります。これは武士や農村に住む人を一方に置いたとらえかたでもあり、都市に住んでいる庶民の総称でもあります。その町人も、いろいろな面から「上層中層下層」のように分けることができます。そして、それぞれの「層」で使うことばが少しずつ異なっていました。下図で「うつぼ」（=『うつほ物語』）を読もうとしている女性は「活字本」を求めて本文《ほんもん》のちがいを調べているようです。これはもちろん『浮世風呂』の設定ですが、町人の中にも古典文学作品を読む人もいれば、「下層」の女性もいた、ということです。

## あらわれる「町人格差」

三馬作品からは、同じ江戸町人のことばづかいでも、「層」によってかなり異なる様相を呈していたこともわかる（下記は引き続き『浮世風呂』より引用）。

**Point**

**言語に反映される「キャラ設定」**

教養や経済的格差が、ことばづかいに影響を与えたことがわかる。

右は古学（国学）の崇拝者（本居信仰）という設定の町人女性のセリフ。江戸語特有の訛りはなく、丁寧語が多用されている。

ハイ、うつぼを読返《よみかへ》さうと存《ぞん》じてをる所へ、活字本《うゑじぼん》を求《もとめ》ましたから幸《さいは》ひに異同《いどう》を訂《たゞ》してをります。さりながら旧冬《きうとう》は何角用事《なにかとようじ》にさへられまして、俊蔭《としかげ》の巻《まき》を半過《なかばすぎ》るほどで捨置《すておき》ました

「上層」町人女性

よく恥《はぢ》をかゝせたの。三ン年忘《わす》れねへよ。覚《おぼえ》て居《ゐ》な。お鳶《とび》さん、お鳶さん。おめへモウあがるか。最《もう》ちつとつき合《やひ》な。今《いま》にもう一返《いつぺん》這入《へゑっ》て来《き》て一緒《いつしょ》に上《あが》らアな。…まだ足《たり》ねへからモット酒《さけへ》買《かつ》てこいだ。ナニがおめへ懐《ひところ》から銭《ぜねへ》出《だ》しての〈此女かたことばかりならべるゆゑよくゝゝふりかなに気をつけてよみ給ふべし〉おれが買《かつ》て来《こ》べいと云《いひ》ながら、草履《ぜうり》をはくから、…

一方、「下層」とみなせる町人女性のセリフ。「忘れねへ」「這入（へゑっ）て」のようにエ列長音、「懐」（ひところ）、「草履」（ぜうり）のように音の訛りが頻出。この女は「かたこと」（片言）ばかり言うから振仮名に気を付けてよむように、という注もあり、江戸語の特徴的なしゃべり方を映している。

「下層」町人女性

## 「コバス」は「悪しき事なり」
# 江戸時代の女性語

日常生活、医学や薬学、農業、工業、商業や礼法などにかかわる実用書として、「重宝記《ちょうほうき》」と呼ばれる一群の書物があります。『女重宝記《おんなちょうほうき》』は、おもに、武家や上流町人の家庭婦人を対象として、心がけるべき教養を解説した書物です。

化粧や衣装、婚儀、教養としての和歌、琴、そしてことばづかいなどについて述べています。

下図にある「コバス」（傍線部）は漢語や古語などをことさら使って、きどった難しい言いかたをすることをいいますが、そうした言いかたを避け、接頭語「オ」をつけたり、「モジ」（文字）を下につけることがよいとされています。このような「注意」があることから、江戸時代においては、「はなしことば」の中でかなり漢語が使われていたこと、男性が使うことばと女性が使うことばとがはっきりと分かれつつあったことが推測できます。

### 女性の「理想的なことばづかい」

女性のための教養書として記された『女重宝記』。室町時代の女房詞（にょうぼうことば）が受け継がれている。

➡86頁

男の詞づかひを女のいひたるは、耳に当りて聞にくきものなり。女の詞は片言まじりに柔らかなるこそよけれ。文字にあたり、こばしなどしていふ事、返す〲悪しき事なり。よろづの詞におともじとを付てやはらかなるべし

（『女重宝記』一六九二年刊）

『女重宝記』は1692年に刊行されたものが最古とされ、版を重ねた。

**大意：**

男のことばづかいを女がするのは聞き苦しく、片言まじりで柔らかいのがよい。漢語を気取ってつかうのは大変悪いことで、全ての言葉に「お」と「もじ」を付けてやわらげるのがよい。

### 遊里の世界

遊郭の女性が話す言葉を遊里語と呼び、里詞（さとことば）、郭詞（くるわことば）などとも。

**Point**

**なぜ「ありんす」？**

「ありんす」詞は生産性が高い。「ます」を「んす」とすれば良いため、「行きます」は「行きんす」、「頼みます」は「頼みんす」、「ございます」は「ござりんす」。地方出身の遊女も多く、方言を抜くために好都合であった。

遊女は方言で話すことを避け、末尾は「ありんす」（「あります」の意）、「なんす」（「なさいます」の意）などを用いた。

コラム

# 江戸時代の方言

　言語は時間と空間とが特定されて初めて具体的な言語としてとらえることができます。「日本語」というだけでは、七一二年に京都で使われていた言語も日本語ですし、二〇二五年に東京で使われていた言語も日本語ということになります。二〇二五年に大阪で使われていた日本語と九州で使われていた日本語は少し違うかもしれません。大阪では大阪弁、九州では九州弁が使われているというのは、同じ時期であっても、使用されている場所＝空間が異なると言語に違いがあることがあるということです。この「言語の空間差」がいわゆる「方言」ということになります。

　過去の言語がどのようであったかは文字化された文献によって探るしかありません。文献は文化の中心地にしか残らないものです。平安時代に関東地方でどのような日本語が使われていたかということは、そうした文献がなければ探りようがないことになります。日本列島を一つの言語空間ととらえてみましょう。いろいろな地域に人間が住んで、集団生活を営んでいたことでしょう。そのいろいろな地域で使われていた日本語がすべて何らかのかたちで文献に残されているかといえば、そうではないのです。したがって、過去の日本語についてどのような「方言」があったかを知ることは難しいことになります。

　江戸時代になると五街道（東海道・中山道・奥州街道・甲州街道・日光街道）をはじめとして交通網が整備されていきます。交通網が整備されると、物と人との移動がさかんに行なわれるようになり、そうしたことを通して、日本語の空間差＝方言についても認識がふかくなっていったと思われます。

　俳人であった越谷吾山《こしがやござん》（一七一七〜一七八七）が著わした『物類称呼《ぶつるいしょうこ》』という本が安永四（一七七五）年に出版されています。この本は後に「和歌連俳《わかれんぱい》諸国方言」というタイトルで寛政十二（一八〇〇）年にも出版されています。「連俳」は連歌と俳諧です。松尾芭蕉の『奥の細道』はよく知られていますが、江戸時代の俳人は諸国を巡ることがあり、そうした旅で、方言を知る機会があったということだと思います。巻二では動物を見出しにしていますが、見出し「かいつぶり」（鳥）では和歌で「にほとり」といい、俗に「いよめ」ということを示し、畿内、中国、東武（江戸地域）で「かいつぶり」、上総《かずさ》（千葉県中央部）では「みほ」、長崎で「鳰《にほ》」、土佐国で「いちつぶり・いよめ」、遠州《えんしゅう》（静岡県西部）で「めうちん」（ミョーチン）、東国で「むぐつ鳥」、神奈川で「でつてう」（デッチョウ）「むぐつてう」（ムグッチョウ）、上州《じょうしゅう》（群馬県）で「かはぐるま」、信州で「めうない」（ミョウナイ）、駿河《するが》（静岡県中部）で「ひやうたんご」（ヒョウタンゴ）、仙台で「かはきじ」というとあります。正確な情報かどうかは措くとしても、広範囲にわたって「方言」が集められていることがわかります。『物類称呼』には日本各地の方言が約四千語収められています。

　薬用になる動植物、鉱物について研究する「本草《ほんぞう》学」という学問があります。八代将軍徳川吉宗が日本産の薬剤の開発を奨励したことによって、江戸時代には本草学が盛んになっていきます。

　幕府の招聘も受けた本草学者小野蘭山《おのらんざん》（一七二九～一八一〇）は『本草綱目啓蒙《ほんぞうこうもくけいもう》』四十八巻二十七冊を享和三（一八〇三）年から文化二（一八〇五）年にかけて出版しています。巻三十五「虫之一　卵生類上二十三種」に掲げられている見出し「蠮螉」では、『日本書紀』に「スガル」、『和名類聚抄《わみょうるいじゅしょう》』に「サソリ」、常州《じょうしゅう》（茨城県北東部）で「カソリ」、信州で「チスガリ」、畿内で「コシボソ」、仙台で「ツチスガリ」と呼ばれていることが示され、その他に「ジガバチ」ともあります。本草学は薬用になる物の学ですから、名前が異なっていても同じ物であれば使うことができます。そうしたことから、方言にも「敏感」だったと思われます。

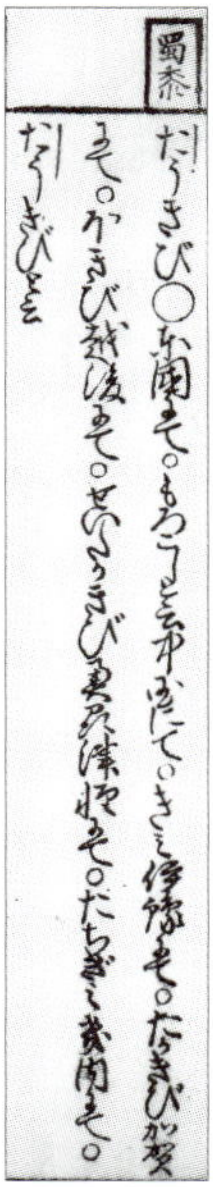

『物類称呼』より「蜀黍」（たうきび）項　東国では「モロコシ」、中国（地方）では「キミ」というと記されている

コラム

# 捕物帳《とりものちょう》に江戸時代語を探る

明治から昭和初期に劇作家・小説家として活躍した岡本《おかもと》綺堂《きどう》（一八七二～一九三九）が、（長編「白蝶怪《はくちょうかい》」を含めて）「半七《はんしち》捕物帳」という、連作の探偵小説全六十九話を発表しています。第一話にあたる「お文《ふみ》の魂」は博文館から出版されていた雑誌『文藝倶楽部』の大正六（一九一七）年一月号に掲載されました。

岡本綺堂は明治五（一八七二）年生まれですので、夏目漱石よりも五歳年下ということになります。漱石も綺堂も、まわりの大人が使っている日本語の中で育ち、日本語を覚えていったはずです。そうであれば、まわりの大人が使っていた日本語は江戸時代の日本語だったはずです。漱石も綺堂も自身の母語を獲得してから、明治時代に生きたのですから、明治時代の日本語にふれ、それも自身の日本語としてとりこんでいったことになりますが、最初に耳にした日本語は江戸時代の日本語です。

江戸時代の日本語について考える場合、江戸時代に出版されている人情本や洒落本《しゃれぼん》、滑稽本《こっけいぼん》などを観察対象とすることが自然です。しかし、そうした本は庶民の恋愛をテーマにしていたり、遊里を舞台としていたり、日常生活におけるおかしさに焦点をあてたりと、意外と限定されたテーマのもとにつくられているので、使われる語も限定されているといえるでしょう。これらの本からは江戸時代に使われていた日本語の一部しかわからないことになります。

「半七捕物帳」は自身が岡っ引きをつとめていた「半七」が江戸時代後期を回顧しながら、明治期に新聞記者である主人公の「わたし」に捕物話を語り、その「わたし」が大正昭和にかけての頃に、その時メモした手帳を見ながら明治を思い起こして江戸時代のことを書くという形になっており、時空の設定が複雑です。

明治五年に生まれて昭和十四（一九三九）年になく

なった岡本綺堂は、「半七捕物帳」の中で、自身が幼い頃に身につけた母語＝江戸時代の日本語をきわめて自然に使っていると思われます。「半七捕物帳」を読み進めていくと、この語は現代日本語では使っていないなと思うような語が少なからずあります。そうした語について、例えば『日本国語大辞典』（小学館）で調べてみると、江戸時代における使用例しかあげられていなかったり、江戸時代の使用例と明治時代の使用例とがあげられていたりします。中には「半七捕物帳」の使用例がそのままあげられていることもあります。「半七捕物帳」には江戸時代に使われていたと思われる語がかなり使われています。

「冬の金魚」という作品から例をあげてみましょう。「長年《ちやうねん》してゐるのかえ」（新作社版『半七捕物帳』第四輯二六五頁）の「チョウネン」は〈奉公人が年限《ねんげん》を重ねて勤めること〉をあらわす語で、『日本国語大辞典』（小学館）は十八〜十九世紀にかけての談義本、雑俳、歌舞伎の使用例をあげています。「紛失物」「物取り」（二六一頁）にはそれぞれ「ふんじつもの」「ものど」と振仮名が施されています。現代日本語では「フンシツモノ」「モノトリ」と発音すると思われます。「十両から十四五両なんていふ馬鹿々々しい飛び値があるんですからね」（二五七頁）の「飛《と》び値《ね》」は同辞典が見出しにしていないので、現代日本語に継承されていない古語の可能性が高いでしょう。「そのお葉といふ女は小娘のときから色つ早い奴で、十六の春から千住の煙草屋に奉公してゐるうちに、そこの甥の元吉と出来合つたことが知れて、その年のくれに暇を出され、あくる年からお玉が池の其月のところへ奉公に出たのは、前にも云つた通りですが、なにしろ主人は独身、奉公人は色つ早い奴と来てゐるんですから、すぐにかゝり合が付いてしまつて」（二八四〜二八五頁）の「色つ早い」は「イロッパヤイ」を文字化したものと思われますが、同辞典は「いろはやい」「いろっぱやい」いずれも見出しにしていません。「若い者にからかつてはいけない」（二五八頁）は「ニカラカウ」という助詞の使い方をしています。現代日本語であれば、「ヲカラカウ」でしょう。

大正時代に出版された本を読んで、江戸時代のことばを知る。楽しいことですね。

## ジ・ヂ／ズ・ヅは別の音？
# 「四つ仮名」問題

当初は異なる音でも、「ちかい音」は次第に統合されていく傾向があります。「ジ」「ヂ」と「ズ」「ヅ」も次第に発音がちかくなって、十五世紀頃から文献上でも「混同」がみられるようになります。この「ジ・ヂ」「ズ・ヅ」を「四つ仮名」と呼ぶことがありました。土佐では遅くまで区別されていたと言われており、一律に「混同」が進行したのではなく、方言ごとに状況が異なっていたと思われます。

「混同」は文字化する時にはっきりしてきます。「ジ」と「ヂ」との「混同」が認識されると、自分が「シジミ」と発音している語を仮名で文字化する時に「しじみ」と書けばよいのか「しぢみ」と書けばよいのか、迷うことになります。しかし、「ジ」と「ヂ」との発音そのものが近づいているのですから、自分の発音によって、どう書けばよいのかを決めることはできません。こ

## 「四つ仮名」の混同

「ジ」と「ヂ」、「ズ」と「ヅ」の混同について、『蜆縮涼鼓集』という書物において記されている。

「ジ」と「ヂ」、「ズ」と「ヅ」は15世紀頃までは発音が異なっていたが、17世紀頃には、区別を失ったと考えられている。

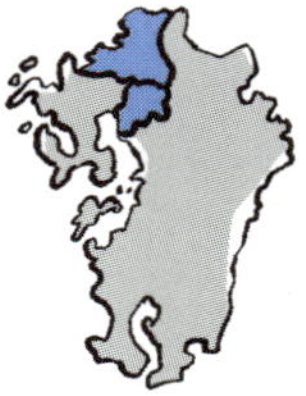

ただし『蜆縮涼鼓集』では筑紫では四つ仮名は区別されている、との記述があり、方言に「古態」が残っていることがうかがわれる。

### 『蜆縮涼鼓集』という仮名遣書

同書の序文末尾によると、著者は「鴨東蔌父」とあり鴨川（賀茂川）の東の隠士といったところだが未詳である。同書は、四つ仮名の混同の指摘の他にも、ハ行音の変遷を示す「五韻之図」「新撰音韻之図」が掲載される。➡14頁例9

### Point 仮名（表記）の存在が示すこと

現代日本語では一部の方言をのぞいて四つ仮名の発音は合流しているが、**仮名があるということは、かつてそれに対応した発音があったことを物語る。**江戸時代に四つ仮名の区別がなくなったことで、濁音は現在と同じ体系になったと言える。

うなると、信頼できる文献、文書によって確かめるということになります。『しちすつ仮名文字使蜆《けん》縮《しゅく》涼《りょう》鼓《こ》集《しゅう》』が出版されたのは、元禄八（一六九五）年ですが、その頃には京都あたりでは発音上の「混同」は終了していたと思われます。

一方、ロドリゲスは日本語母語話者の発音を聞いて、「欠点」に気づいたと思われます（➡77頁）。ロドリゲスの耳は敏感で、正確に日本語の発音をとらえ、違いがわかったのでしょう。

### 現代の「四つ仮名」

現代では一部の方言を除き発音の区別がなくなった四つ仮名だが、その表記方法については1986年に内閣告示として定められた「現代仮名遣い」に従っている。

**「ぢ」「づ」の表記を使う場合**

| | |
|---|---|
| 「ち」や「つ」に続くとき | ・「縮む」（ちぢむ）<br>・「続く」（つづく） |
| 複合語で連濁となり濁るとき | ・「鼻血」（はなぢ）<br>・「三日月」（みかづき）<br>・「気付く」（きづく） |

## ロドリゲスの「四つ仮名」観察

四つ仮名の混同は前時代から見られ、ロドリゲスによる『日本大文典』（1604～1608年刊）の第2巻でも記されている。

都の言葉遣いが最もすぐれていて言葉も発音法もそれを真似るべきであるけれども、都の人々も、ある種の音節を発音するのに少しの欠点を持っていることは免れない

Gi（ヂ）の代りにJi（ジ）と発音し、又反対にGi（ヂ）というべきところをJi（ジ）というのが普通である

又Zu（ズ）の音節の代りにDzu（ヅ）を発音し、又反対にDzu（ヅ）の代りにZu（ズ）という

ジョアン・ロドリゲス
（1561～1633）

ロドリゲスの日本語観察を見ると、すでに四つ仮名の合流がかなり進行した状態がうかがえる。「きちんと発音し分けられる人もいるだろうが、一般にはこの通りである」というのが、ロドリゲスの見解である。

**Point**

### 正しいのは「音の区別を保つこと」

キリシタン資料がつくられた時期（16世紀末頃）は四つ仮名の区別が失われつつあった。その記述からは、発音の区別を保つことが「正しいことばづかい」と意識された（区別しないことは「欠点」）こともわかる。

コラム

# ことばは乱れる？

清少納言は『枕草子』第一八六段「ふと心おとりとかするものは」（＝急に幻滅を感じるものは）において、「その事させんとす」「言はんとす」「何《なに》とせんとす」と言う時の「と」を省いて「言はんずる」「里へ出でんずる」という言い方が「やがていとわろし」（＝たちまちひどくみっともない感じになる）と述べています。他にも例があがっているのですが、現在残されている『枕草子』には古い時期に写されたものがなく、「本文」がしっかりしていません。しかし、清少納言が「心おとり」することばづかいがあると感じていたことはたしかなことでしょう。

兼好法師は『徒然草』第二十二段において、「なに事も、古き世のみぞしたはしき」（＝何事も、古い時代ばかりがしたわしい）と述べて、かつては「車もたげよ」「火かかげよ」と言ったのに、今の人は「もてあげよ」「かきあげよ」ということ、「御講《ごこう》の廬《ろ》」（＝天皇が講義を聴かれる御座所）を省略して「講廬《こうろ》」ということなどを残念な例としてあげています。

どんな言語も時間の経過とともに変化していきます。使っている音の数が変わったり、音そのものが変わったりもします。語の意味も変われば、いわゆる文法も変わります。「古典の授業」で習った、文中の助詞と述部が対応する「係り結びの法則」は現代日本語にはみられませんね。言語が変化するということは、自分が身につけた言語とは何らかの点において異なる言語が後から生まれ、それを目にしたり、耳にしたりすることがある、ということです。よく「若者ことば」という表現が使われますが、若者ことばという言葉があると思っているのは若者ではない人で、そう感じること自体が言語に世代差があることをはっきりと示しているといってもいいでしょう。自分よりも下の世代が自分と少し異なることばを使っているのを「若い者はけしからん」と言う人も、かつては自分より上の世代に「若い者はけしからん」と言われていたかもしれません。変化した言語を変化しない側からみると、「乱れている」ということになります。はるか天空のかなたから、日本語をずっと見ている人がいたならば、「乱れ」ではなく「変化」だと言うかもしれません。

貞門《ていもん》七俳人（松永貞徳を祖とする俳諧の流派を貞門といいます）の一人である安原貞室《やすはらていしつ》（一六一〇～一六七三）が『かたこと』という本を慶安三（一六五〇）年に出版しています。序文には、幼い子が口にする「かたこと」（＝語形や発音などが不完全、不正確なことば）を直すために著わしたと記されていますが、当時の「かたこと」をひろく集めた貴重な本といってよいでしょう。「かきことば」は言語を記録するという要素をもっているので、一般にはひろく使われていたとしても、「かたこと」が記録されることは多くはありません。

例えば「草部」では「ヨモギ」（蓬）を「ゑもぎ」、「ゴボウ」（牛蒡）を「ごんぼ・ごんぼう」、「ダイコン」（大根）を「だいこ」と言う例があげられ、「虫部」では「トンボウ」（蜻蛉）を「とんぼ」、「カエル」（蛙）を「かいる・がへる」と言う例が、「魚部」では「イルカ」（海豚）を「ゆるか」、「アイ」（鮎）を「あゆ」と言う例があげられています。

「ゴボー」に対して「ゴンボ」は「プラス撥音《はつおん》マイナス長音」、「ゴンボー」は「プラス撥音」ですし、「ダイコン」に対しての「ダイコ」は「マイナス撥音」で、本書55頁で少し特殊な音だと述べた「撥音・促音・長音」が加わったり省かれたりして「かたこと」が生まれていることがわかります。「とんぼ」「あゆ」が「かたこと」なのですが、現代日本語ではむしろその「かたこと」語形を使っていますね。

現代日本語では「タラコ」「ツルハシ」という語形を使っていますが、それぞれかつては「タラノコ」「ツルノハシ」という語形でした。これらは「ノ」が省かれたことになります。「かつて」どういう語形だったかがわからなければ「乱れ」という感覚も生まれないわけです。

## 築かれた文字の「ネットワーク」
# 蔦屋重三郎と出版

江戸時代の出版は「ネットワーク」の中で行なわれていきました。現在であれば、インターネットがネットワークとして活用されていますが、江戸時代は人と人との繋がりそのものが「ネットワーク」といっていいでしょう。

黄表紙《きびょうし》のような、絵入りの本の場合であれば、企画をした「版元」が執筆依頼をし、依頼を受けた「作者」が草稿を書き、場合によっては下絵もつくります。「絵師」は版下用の絵をかき、ここまでの内容で、「本屋仲間」の検閲を受けます。検閲後に、「彫師《ほりし》」が版木《はんぎ》に彫り、何度かの校閲を経て「摺師《すりし》」によって紙に摺られ、「版元」が製本して販売をします。この印刷、出版のプロセスがすでに「チーム」によるものといってよく、それはひろい意味合いでの「ネットワーク」といえそうです。

本の最初と最後に置かれた美人風俗図と、三

## 蔦屋重三郎による出版業

江戸時代は出版物が多様化した。後期、特に活躍した出版プロデューサー・蔦屋重三郎とは？

重三郎24歳のとき、吉原遊郭の出入り口にあたる五十間道(ごじっけんみち)に並ぶ蔦屋次郎兵衛(重三郎の義兄)の店先で「耕書堂」(こうしょどう)を開店し、本の小売りを始めた。

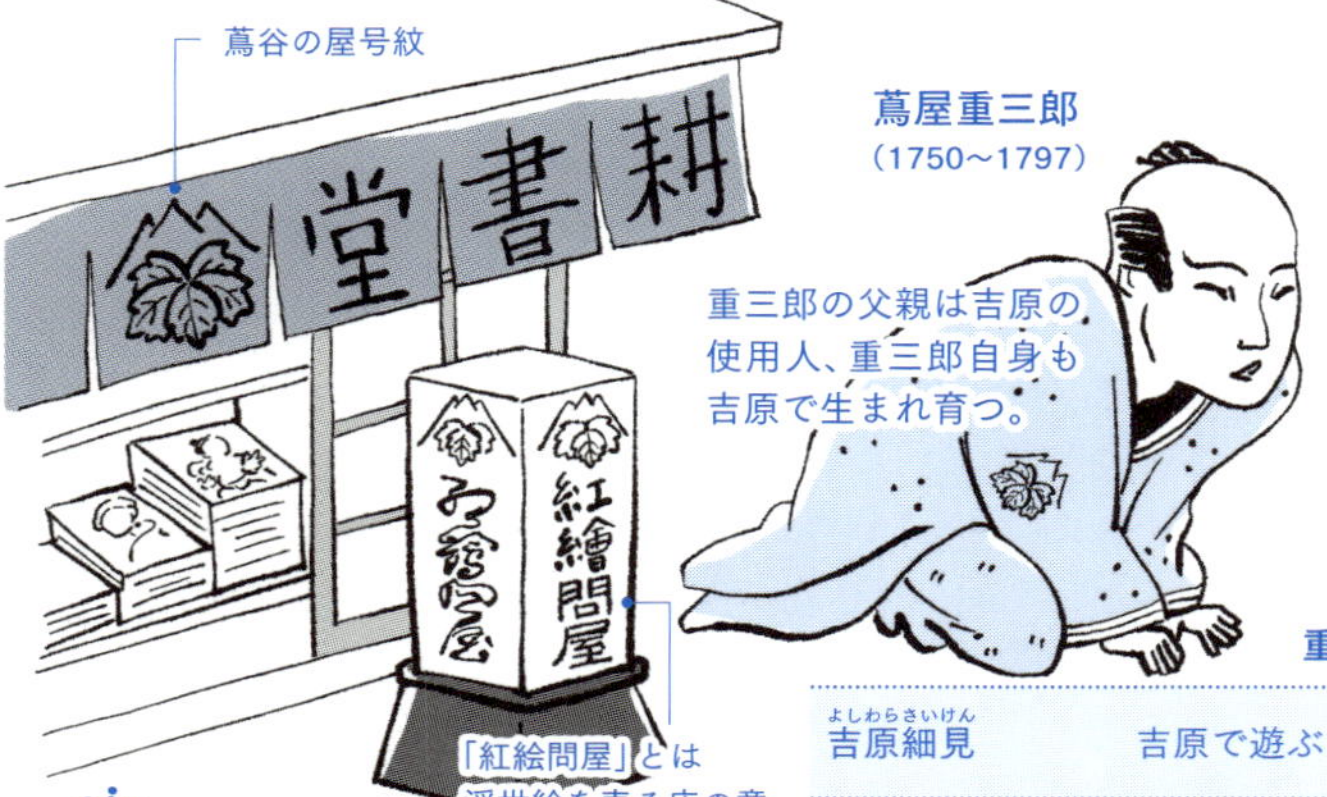

蔦谷の屋号紋
耕書堂
紅繪問屋
蔦屋重三郎
(1750〜1797)
重三郎の父親は吉原の使用人、重三郎自身も吉原で生まれ育つ。
「紅絵問屋」とは浮世絵を売る店の意


### やり手版元のバイタリティ

重三郎は出版事業のほか、当時小売りより主流であった貸本屋業もいとなんでいた。また重三郎自身も狂歌師としての側面を持ち、狂歌イベントの企画を行なうなど書籍化を見据えて活動していた。

### 重三郎が手がけた書籍ジャンル例

| | |
|---|---|
| 吉原細見《よしわらさいけん》 | 吉原で遊ぶためのガイドブック |
| 富本節《とみもとぶし》の正本《しょうほん》・稽古本 | 浄瑠璃界で人気が上昇した富本節を習いたい人のための書籍 |
| 往来物《おうらいもの》 | 庶民教育の場で使われたテキスト ➡112頁 |
| 狂歌本 | 有名な狂歌師が詠んだ狂歌を収録した歌集 |
| 黄表紙 | 滑稽味や風刺を盛り込んだ読み物 |

### Point 出版地変遷の結果

江戸時代の出版業界は、中期以降に上方から江戸へと中心地が変遷した。よって、**観察される日本語もそれまでの上方語から江戸語へと変遷していく。➡96頁**
江戸生まれの出版物のことを「地本」(じほん)と呼んだ。

十六種の貝にかかわる狂歌を、朱楽菅江《あけらかんこう》（一七四〇～一七九九）と菅江の率いる狂歌師たち三十八名が一人一首ずつ詠み、喜多川歌麿《きたがわうたまろ》（一七五三～一八〇六）が絵を描いた『潮干《しおひ》のつと』は蔦《つた》屋重三郎《やじゅうざぶろう》が刊行した狂歌絵本の代表的なものとして知られています。空摺《からず》りや雲母《うんも》などが施され、技術の高さを窺うことができます。微妙に摺りが異なるものがあることも知られています。

天明八（一七八八）年に蔦屋重三郎が出版した、『画本虫撰《えほんむしえらみ》』の挿絵も喜多川歌麿が描いていますが、色版《いろはん》を調整して摺り重ねる、高度な技法が駆使されていて、先の『潮干のつと』、『百《もも》千鳥狂歌合《ちどりきょうかあわせ》』と併せて、歌麿絵本の三部作と呼ばれています。『画本虫撰』も、天明八年の初版初摺《しょずり》本以外に、やや色調を変えた後摺《のちずり》本、文政六（一八二三）年に、重三郎のライバルであった西村屋与八《にしむらやよはち》が部分的に手を加えて出版したものもあることがわかっています。

切手にもなっている東洲斎写楽《とうしゅうさいしゃらく》の「三代目大《おお》谷鬼次《たにおにじ》の奴江戸兵衛《やっこえどべえ》」や「四代目岩井半四郎《いわいはんしろう》の乳人重の井《めのとしげのい》」は重三郎が出版した役者絵です。

## 蔦屋重三郎が見出した文人

重三郎により見出された才能は多く、ライバルや時の出版統制の壁も乗り越えて展開した。

十返舎一九《じっぺんしゃいっく》
（1765～1831）

一九の出生には不明な点が多いが、重三郎の家に寄宿しながら黄表紙を刊行。1802年に出した『東海道中膝栗毛』が大ヒットし、その後約20年にわたり続編を書いた。

山東京伝《さんとうきょうでん》
（1761～1816）

京伝は岡場所が隆盛した江戸深川に生まれた。重三郎と組んで黄表紙や洒落本を刊行、『通言総籬』（つうげんそうまがき）（1787年刊）などが有名である。

曲亭馬琴《きょくていばきん》
（1767～1848）

武家出身であった馬琴は京伝を師とあおぎ、重三郎に見出されて手代（てだい）として働いたりした。『椿説弓張月』（ちんせつゆみはりづき）（1807年刊行開始）や『南総里見八犬伝』（1814年刊行開始）などを出した読み本の第一人者。➡近代語編とびら

### Point お上による出版弾圧を乗り越えて

松平定信が行なった寛政の改革の一貫として1790年には出版統制令が発せられ、重三郎や京伝は処罰の対象となった。以降、重三郎は喜多川歌麿や写楽などの浮世絵出版へと注力していった。

### 版元ライバルと重板事件

鱗形屋孫兵衛（うろこがたやまごべえ）は江戸の有力な地本問屋で、吉原細見や宝船の摺物、恋川春町の黄表紙『金々先生栄花夢』（きんきんせんせいえいがのゆめ）などを刊行したが、1775年の重板（じゅうはん）事件がきっかけで吉原細見の版権を手放し、重三郎の台頭などによって衰退していった。

コラム

# 江戸時代の出版

いわゆる「文禄慶長の役」（豊臣秀吉の朝鮮半島出兵）によって、日本に活字印刷技術がもたらされたと考えられています。文禄二（一五九三）年には天皇の勅命によって印刷された書物＝勅版として『古文孝経《こぶんこうきょう》』が印刷されたという記録がありますが、実際の印刷物は現存していません。この頃からおよそ五十年ほど活字による印刷が行なわれました。江戸時代後期から明治初期にかけてつくられた活字を「近世木活《もくかつ》字《じ》」と呼ぶことがありますが、それに対して、この時期につくられた活字を「古活字」と呼び、古活字によって印刷された印刷物を「古活字版」と呼びます。

活字はいったんつくれば、組み版をして印刷した後に、解版（＝印刷のために組んであった活字をまたばらばらにする）して再利用ができます。というよりは、そういう「発想」で活字がつくられていたといっていいでしょう。したがって、活字をつくるのはたいへんであっても、いったんつくってしまえば印刷は楽であるはずですが、それは活字の種類によるともいえます。アルファベットのように、二十六文字を基本としている場合は、二十六種類をたくさんつくればいいのですが、日本語のように漢字を使って文字化している言語の場合は、いくつ漢字活字をつくっておけばいいのか、ということになります。現在の常用漢字表には二一三六字が載せられています。これまでも漢字の種類に関してはしばしば議論がありました。およそ二千字から三千字があれば、日本語を印刷することができそうです。それにしても、漢字三千字分

活字原版（鋼鉄製）＊
安政四（一八五七）～五年頃

の活字を複数準備する必要があります。また、準備した漢字ではない漢字を使うとなれば、何らかの方法でそれを補う必要があることになります。

いったんは活字による印刷が行なわれたのですが、次第に活字印刷ではなく、整版印刷が行なわれるようになっていきます。整版印刷は一ページごとに版下をつくっていく印刷です。版画をイメージするといいでしょう。百ページ（＝五十丁）の本であれば、五十の版下が必要になり、つまり一枚の版木に一丁しか彫らないのであれば、五十枚の版木が必要になります。実際は裏表を使うことが多いし、本のサイズによっては、版木の裏表で四丁分を彫ることもあります。そうであっても、かなりの数の版木が必要になり、再版をするのであれば、その版木を保管しておく必要があります。

整版印刷は、技術があればどのような版面でもつくることができます。挿絵と文字とが一体化したような「草双紙《くさぞうし》」は活字印刷するのは難しいですが、整版印刷なら自由な版面をつくり出すことができます。そして文字に関しては、漢字を行書体で、仮名はいわゆるくずし字で書く「手書き」をほぼ再現できます。このことが、日本において整版印刷が江戸時代を通して行なわれたことの理由ではないかと思います。「手で書くように印刷する」というのが江戸時代を覆っている「心性《メンタリティ》」だったと推測します。

整版出版がさかんになった背景には、貨幣経済が安定して、一定数の「買い手」がみこめるようになったことがあると推測します。そして京都、大坂から始まった出版は名古屋にひろがり、最終的には「三都」（京都・大坂・江戸）を中心として展開していくようになります。

名古屋の出版は永楽屋《えいらくや》が中心になっていましたが、その永楽屋と提携して江戸で本を販売したのが蔦屋《つたや》重三郎《じゅうざぶろう》でした。重三郎は喜多川歌麿《きたがわうたまろ》や東洲斎写楽《とうしゅうさいしゃらく》などの浮世絵作品の出版をし、その一方で山東京伝《さんとうきょうでん》や恋川春町《こいかわはるまち》らと交流し、文化的なネットワークをつくりながら、黄表紙《きびょうし》や洒落本《しゃれぼん》、滑稽本《こっけいぼん》などの出版を行ないました。この時代には現在のような著作権が確立していなかったので、無許可の複製本＝重板をつくって販売するようなこともありました。

## 広がりをみせる「リテラシー」
# 武士と庶民の教育

読み書きの能力を「リテラシー」と呼びます。江戸時代には印刷技術が発達し、浮世絵をはじめとして、いろいろな文学作品や文献を印刷、出版できるようになりました。印刷は、「同じものを大量につくる」ための技術です。したがって最初は、経典のような、宗教的なテキストを大量につくるために行なわれていました。江戸時代になると、貨幣経済が安定して、印刷された物が売買されるようになっていきます。印刷にはコストがかかるので、印刷した物が売れることが印刷を支えているといってもいいでしょう。

江戸時代には、山東京伝《さんとうきょうでん》の黄表紙本《きびょうしぼん》、式亭三馬《しきていさんば》の『浮世風呂』のような滑稽本《こっけいぼん》、柳亭種彦《りゅうていたねひこ》の草双紙《くさぞうし》、曲亭馬琴《きょくていばきん》の『南総里見八犬伝《なんそうさとみはっけんでん》』のような読本《よみほん》（➡近代語編とびら）、寺子屋の教科書として使われた「往来物《おうらいもの》」など、いろいろなジャンルの本が出版、販売されています。それは、そ

## 武士の教育

江戸時代には200を超える藩に藩校が設けられ、幕府直轄の昌平坂（しょうへいざか）学問所や学識・志ある人物が集う私塾も教育機関となった。

漢学教育を主としながらも「皇(朝)学」と呼ばれる国学を加え、幕末期には洋学や西洋医学を教科科目に加えた藩校も多い。

藩校の入学年齢は10歳程度から。14、5歳までは『孝経』（こうきょう）や四書、五経を中心とした、中国古典の音読を行った。

私塾は緒方洪庵（おがたこうあん）の適塾（てきじゅく）なら医学・蘭学、伊藤仁斎（いとうじんさい）の古義堂（こぎどう）なら儒学、本居宣長の鈴屋（すずのや）なら国学というように特化された。

### 各藩校の特徴と思想

藩校での教育は多岐にわたり、それぞれ特徴があった。たとえば水戸藩の弘道館（こうどうかん）の教授頭取の一人、会沢正志斎（あいざわせいしさい）（1782～1863）は尊王攘夷論を唱えたことで知られており、弘道館の教育方針のみならず藩の思想や日本全体にまで影響を与えた。

Point

### 武家の教育の目的

藩校や昌平坂学問所では古典中国語＝漢文の表現や読解力習得が、リテラシーの中心になった。

うした本を読むことができる「読み手」が存在していたことを示しています。読本は少し難しいので、武士などを中心に読まれていたと思われます。黄表紙本や滑稽本、草双紙は庶民が読んでいたのでしょう。武士は藩の教育機関である藩校で、庶民は寺子屋で、読み書き能力を養っていたと思われます。武士の学びはまずは「漢学」で漢文を読む能力が培われていたと思われます。漢文はいわば中国語文、つまり外国語で書かれた文章です。漢文を読む能力は、幕末明治期になって、オランダ語や英語、フランス語などの外国語を学ぶ時にいかされたと推測されています。そして、明治期になって学制が導入され、小学校をつくって学校教育を展開していこうとした時には、全国各地にあった寺子屋がそのベースになったと考えられています。教育はすぐに成果がでるようなものではありません。江戸時代に明治時代の教育の基礎がつくられていたとみることもできるでしょう。江戸時代と明治時代は、こうした点において繋がっているとみることができます。

## 庶民の教育

庶民の子どもが読み書きの初歩を学ぶためにつくられた私設の教場を「寺子屋」と呼ぶ。

寺子屋は江戸中期以降に広がりをみせ、幕末には地方小都市や農村・漁村にもつくられ全国的に普及した。

寺子屋の教育は「実用的」。「いろは」や数字、方角や町村名、名頭(ながしら)、国尽くしなどを学び、初歩の手習いの次は「往来物」などを学んだ。

### 小学校は寺子屋発？

明治5（1872）年、学制が発布された後に短期間で小学校ができたのは、寺子屋の広がりを背景にしていると言える。

### Point 寺子屋のリテラシーと日本語

寺子屋教育で使われたテキストは漢語と和語が渾然一体として使われており、江戸期の日本語のあり方が映し出されている。

コラム

# 『水滸《すいこ》伝《でん》』と近代中国語

本書では日本語を「古代語」と「近代語」に分けてとらえていますが、中国語も「古代語」と「近代語」に分けてとらえることがあります。明《みん》末清《しん》初ぐらいに、中国語の「はなしことば」である白話《はくわ》を交えた小説がつくられるようになり、「白話小説」と呼ばれました。白話小説がつくられるようになった頃からの中国語が「近代中国語」です。

日本は早くから中国と接触し、ずっとその接触が続きました。中国からは政治制度などをはじめとして、いろいろな文物が日本に入ってきました。それに伴って中国語も日本語の中に入ってきました。具体的には、その時の中国語の「はなしことば」と接していたはずですが、それが書き留められることは少なかったと思われます。その一方で、中国語の「かきことば」は「漢文」として残されています。漢文は中国だけではなく、中国文化と接していた東アジア共通の「かきことば」といってもいいかもしれません。「かきことば」として使われた漢文は古典中国語、すなわち「古代語」です。

中国の白話小説、具体的には羅貫中《らかんちゅう》の『三国志演義』、施耐庵《したいあん》の『水滸伝』、呉承恩《ごしょうおん》の『西遊記』、笑《しょう》笑生《しょうせい》の『金瓶梅《きんぺいばい》』、曹雪芹《そうせっきん》の『紅楼夢《こうろうむ》』などが宝暦年間（一七五一～一七六四）頃になると日本に入ってきました。『水滸伝』は中国の明の嘉靖年間から万暦年間にかけての頃、十六世紀半ばから十七世紀の半ば頃にさかんに出版されるようになっていたと推測されています。徳川家康に仕えた天海《てんかい》僧正（一五三六～一六四三）の蔵書中に『水滸伝』のテキストがあったことがわかっています。また江戸城内にあった徳川家の「紅葉山《もみじやま》文庫」の目録にも『水滸伝』のテキストが載せられています。

白話小説には中国語の「はなしことば」＝白話が使われているので、それがわからなければ白話小説を読むことはできません。荻生徂徠《おぎゅうそらい》（一六六六～一七二八）の学塾、蘐園《けんえん》と、京都の伊藤仁斎《いとうじんさい》（一六二七～一七〇五）・伊藤東涯《とうがい》（一六七〇～一七三六）の学塾、古義堂《こぎどう》において白話がさかんに研究されていました。『水滸伝』はこうした白話の学習に際してテキストとして使われたと考えられています。江戸時代には『水滸伝』をはじめとする白話小説を読むための辞書のようなものも出版されています。ずっと古典中国語すなわち古代中国語で書かれた漢文を読んできた人々は、「知らない中国語」があることに驚き、そして興味をもったことでしょう。曲亭馬琴《きょくていばきん》（一七六七～一八四八）もそうした一人だったと思われます。馬琴が著わした『南総里見八犬伝《なんそうさとみはっけんでん》』では近代中国語がいろいろなかたちで使われています。また馬琴は『新編水滸画伝《すいこがでん》』という、九編九十一冊の読本をあらわしています（ただし初編が馬琴、二編以降は高井蘭山《たかいらんざん》が担当）。

岡島冠山《おかじまかんざん》が編集した『唐話纂要《とうわさんよう》』は白話の入門書としてひろく読まれたと考えられています。白話を見出しにして、その白話の語義＝意味を説明していますが、例えば「看破」には「ミカギル」（見限る）、「冷静」には「セイヲイダス」（せいをだす）、「用心」には「サビシヒ」（淋しい）、「傲慢」には「ジマンスル」（自慢する）、「回復」には「ヘンジ」（返事）、「思想」には「オモフ」（思う）、「利害」には「キツイコト」という説明が置かれていて、現在使っている漢語とは異なる意味として白話においては使われていたことをうかがうことができます。

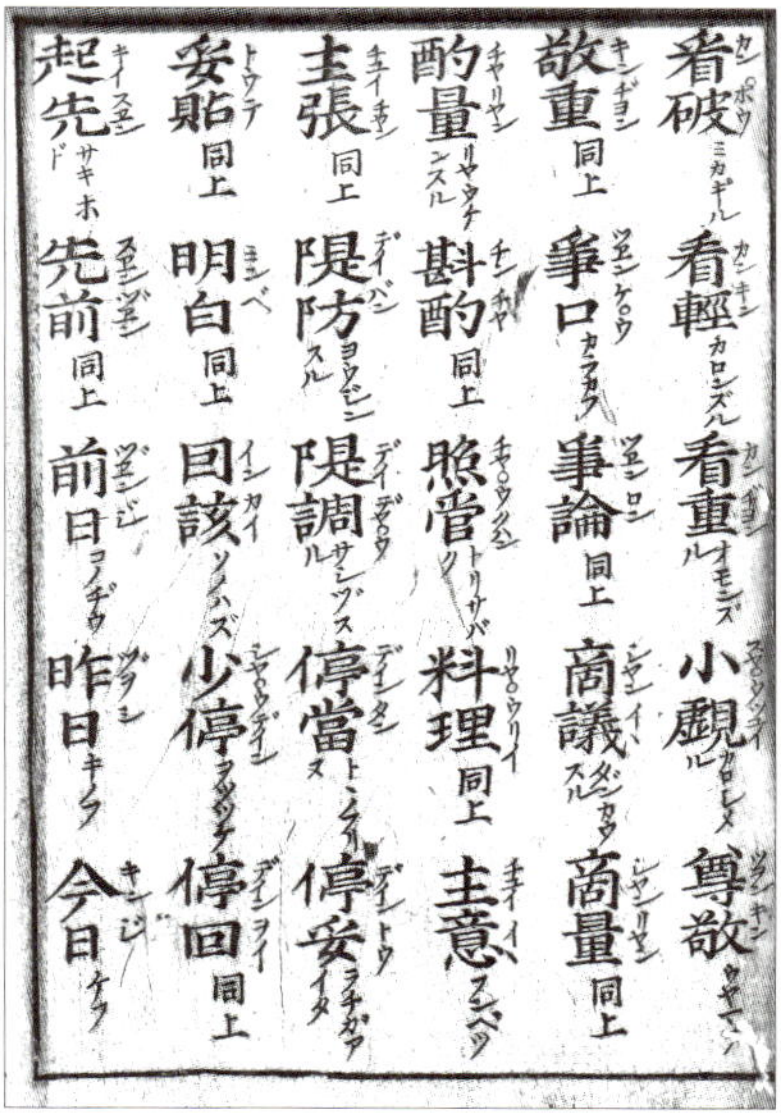
看破　看輕　看重　小覷　尊敬
敬重 同上　爭口　爭論 同上　商議　商量 同上
酌量　斟酌 同上　照管　料理 同上　主意
主張 同上　隄防　隄調　停當　停妥
妥貼 同上　明白 同上　回該　少停　停回 同上
起先　先前 同上　前日　昨日　今日

『唐話纂要』巻一

## 現代につながる学問成果
# 江戸時代の日本語学者

本居宣長《もとおりのりなが》（一七三〇～一八〇一）といえば『古事記伝』ですが、宣長は漢字で書かれた『古事記』の背後に古代日本語の言語としての「姿」をとらえようとしていたと思われます。ほぼ同時期に書かれた『万葉集』や『日本書紀』も参照しながら「漢字によって文字化された日本語」を丁寧に読み解いています。そうした観察の中で、後に「上代特殊仮名遣《じょうだいとくしゅかなづかい》」と呼ばれるようになる「現象」に気づきました。この宣長の気づきは、石塚龍麻呂《いしづかたつまろ》に受け継がれました（➡40頁）。

宣長は二十一代集を丁寧に読み、現在「係り結びの法則」と呼ばれている「現象」に気づきました。それを『てにをは紐鏡《ひもかがみ》』という一枚の図表にまとめ出版しています。文法上の法則を一枚の図表にまとめたのは、宣長の卓越した感覚といっていいでしょう。宣長は『源氏物語』を高く評価し「もののあはれ」（を知る）という

## 本居宣長

『古事記』や『源氏物語』を研究し、国学を大成したことで有名な宣長。文法や音韻など日本語そのものに関する研究でも、後世に大きな影響を及ぼした。

**『てにをは紐鏡』(1771年刊)**
係り結びの法則を発見し図表で示した。「ぞ・の・や・何」「は・も・徒（ただ）」「こそ」の結びを記述。この書籍の解説にあたるのが、後の1779年に成立した『詞玉緒』(ことばのたまのお)である。➡83頁

**『古事記伝』**
1764年起稿、1798年脱稿。1790年～1822年にかけて版本として刊行された。全44巻の『古事記』の注釈書。

**『字音仮字用格《じおんかなづかい》』(1776年刊)**
漢字音(漢音・呉音)について論じた。ア・ヤ・ワ行の音の違いを論じ、従来間違えられてきたア行の「オ」とワ行の「ヲ」の所属を正した他、字余りの法則も指摘した。

### 宣長の門下・交友関係

宣長は多数の弟子を育てた。宣長の門下について記された『授業門人姓名録』には480名を超える門下生が記されている他、直接の門人以外にも与えた影響は大きかった。宣長は上田秋成などと論争（「日の神論争」）も行なっており、当時の学問・議論が交友関係のなかで築かれていったことがわかる。

Point
### 宣長の観察眼

勅撰集を観察対象にして係り結びの法則を発見したのは宣長の「センス」の良さをあらわしている。

概念を提示しました。

宣長の八歳年下の富士谷成章《ふじたになりあきら》（一七三八～一七七九）は、日本語を「名《な》」「装《よそい》」「脚結《あゆい》」「挿頭《かざし》」の四つに分け、品詞分類のさきがけとなりました。用語が独特であったために広く理解されるのに時間がかかりましたが、その考え方は近代を代表する日本語学者である山田孝雄《やまだよしお》の文法論に影響を与えたことが指摘されています。富士谷成章も『古今和歌集』を軸とした和歌をおもな観察対象としていました。成章の説明は体系的で、日本語の文法的な研究を飛躍的におしすすめました。従来誤っていた「オ」「ヲ」の所属も正し、日本語の歴史を六つに区分した「六運《りくうん》」

## 富士谷成章

成章は、日本語の品詞分類の礎を考案した。

**『あゆひ抄』（1773年成）**
日本語の単語を「名」（体言）、「装」（用言）、「脚結」（助詞・助動詞）、「挿頭」（副詞など）の4つに分類。そのうち「脚結」を中心に記述した文法書。姉妹編には『かざし抄』がある。

## 宣長関係者らによる研究

宣長関係者らによって、日本語史上の重要事項が見出された。

**病のなか励んだ学問**

春庭は30歳を前にして眼病を患い、数年で失明。その後も学問に励み、日本語の動詞研究の基礎をつくり上げた。

石塚龍麻呂
（1764～1823）

**『仮名遣奥山路《かなづかいおくのやまじ》』（1798年以前成）**
宣長に師事。万葉仮名を詳しく調べ、宣長の上代特殊仮名遣についての指摘を進展させた。（石塚は、音の区別の問題ではなく仮名遣いの問題と考えていたとみられる）

本居春庭
（1763～1828）

**『詞八衢《ことばのやちまた》』（1806年序）**
春庭は宣長の子。現在知られている用言の「活用」体系の大部分を構築し、後世に大きな影響を与えた。動詞の自他について述べた『詞通路』（ことばのかよいじ）（1828年成）もある。

鈴木朖《すずきあきら》
（1764～1837）

**『活語断続譜《かつごだんぞくふ》』（1803年頃成）**
宣長に師事。活用研究を進展させ、『言語四種論』（げんぎょししゅろん）、『雅語音声考』（がごおんじょうこう）などとともに、優れた研究書として高く評価されている。

を示すなど、ひろく日本語についての知見を整えた人物です。成章の考え方は、宣長を通して、宣長の子、春庭《はるにわ》に伝えられていきます。春庭は『詞八衢《ことばのやちまた》』をあらわして、日本語の活用体系を整理しました。

　宣長は契沖《けいちゅう》の没後に生まれていますが、京都で修業中に契沖の著したテキストにふれ、国学者として開眼したと考えられています。契沖は『万葉集』を丁寧に観察していくプロセスで、同じ語は同じように漢字で文字化されていることに気づき、『和字正濫鈔《わじしょうらんしょう》』をあらわしました。この書は日本語を（漢字で）どのように文字化していたかということを例証をもって述べたものですが、後には日本語を仮名でどのように文字化すればよいかということを述べた「かなづかい書」としてとらえられるようになりました。

　鎌倉時代以降は、日本語を仮名で文字化するにあたって、いろいろな書き方がされるようになっていきますが、藤原定家が提唱したと考えられていた「定家かなづかい」と呼ばれる「かなづかい」が行なわれることがありました。

## 歴史的かなづかいの発見

契沖は『万葉集』を研究することによって、かつては一定の「かなづかい」であったことに気づいた。

契沖
（1640～1701）

契沖が発見した「かなづかい」は、後にいう「歴史的かなづかい」につながった。

『和字正濫鈔』（1693年成）
契沖は『万葉集』の研究を行なうなか、いわゆる「定家かなづかい」が『万葉集』で行なわれるかなづかいと異なることに気づいた。

**Point**

**「かなづかい」の齟齬の原因は？**

定家かなづかいは、平安後期の文献をもとに定められていたため、契沖の歴史的かなづかいと齟齬が生じたと考えられる。

楫取魚彦《かとりなひこ》
（1723～1782）

『古言梯《こげんてい》』（1764年成）
契沖の『和字正濫鈔』の主張を、『新撰字鏡』（しんせんじきょう）などの新しい典拠を示して補強した書。歴史的かなづかいの浸透に大きな役割を果たしたと考えられている。

**「定家かなづかい」とは？**

そもそも「定家かなづかい」とは何なのだろうか。藤原定家による著書と考えられている『下官集』（げかんのしゅう）（成立年代未詳）の「嫌文字事」に「かなづかい」の使用例が書かれており、これを南北朝時代の行阿（ぎょうあ）が語例を補強し、歌学の方面で江戸～明治になるまで支持されたかなづかいのことである。

コラム

# 定家かなづかい

西暦一〇〇〇年前後に、語の中に位置している「ハ行音」が「ワ行音」になるという、日本語の発音にかかわる大きな変化が起こりました。「カハ」(川)と発音していた語を「カワ」と発音するようになるということで、本書38頁で採りあげた「ハ行転呼音《てんこおん》現象」です。この頃までに、似た発音の母音が一つになるといった、発音に関わる変化が起こっています。仮名が生まれたのが九世紀末ぐらいですから、だいたい同じ頃ということになります。

仮名はいわば日本語のために生まれているので、日本語の発音とはきちんと対応しています。しかし、母音が減るというようなことになると、「仮名が余る」ことになります。ア行の「エ」とワ行の「ヱ」との発音が同じようになってしまうと、自分が今発音しているこの語を文字化する時にア行の「エ」を使うのがいいのか、ワ行の「ヱ」を使うのがいいのかということになります。この余った仮名をどう使うのか、ということが「かなづかい」です。一つの考え方は、「これまで書いていたように書く」ということです。これはうまくいけば、「ハ行転呼音現象」以前の書き方を継承することができます。実際、そのように書かれている文献が多いといえるでしょう。

しかし、鎌倉時代の藤原定家は、自分でどのように書くかを考案したと考えられています。それが「定家かなづかい」と呼ばれる「かなづかい」です。定家の生きた時代にはア行の「オ」とワ行の「ヲ」との区別が失われていました。そこで定家は書こうとしている語のアクセントにしたがって、「オ」と「ヲ」とを使い分けようとしたと推測されています。しかし、定家は、その「定家かなづかい」がこういう「かなづかい」であるということをどこにも書き記していません。謎といえば謎です。

コラム

# 漢字渡来以前の文字？

江戸時代には日本の始源について知ろうとする気運が高まりました。かつての日本について知るためには残されている文献を読み解くしかありません。日本に残されている文献をずっと遡っていくと、『古事記』『日本書紀』『万葉集』にたどりつきます。これらはだいたい八世紀に成っていたと考えられています。国学者と呼ばれる人々はこうした文献を精緻に読み解くことによって日本の始源について考えを深めていっています。

　日本の始源を知ろうとする心性《メンタリティ》は、日本の優秀性の主張と結びつきやすい面をもっています。日本列島よりも早く、いわゆる「文明」が開けた中国が文字を持ち、それが周辺の地域に伝播したことは自然なことで、そう考えると、日本列島上で使われていた、日本語につながると思われる言語が漢字とまず出会ったのは、地理的に考えても自然なことといってよいでしょう。しかしそれでも、漢字がもともとは中国語をあらわすための文字であったことがわかると、「日本には日本独自の文字があった」と言いたくなるのでしょうか、本居宣長《もとおりのりなが》の「宣長没後の門人」を主張する平田《ひらた》篤胤《あつたね》（一七七六～一八四三）は『神字日《かんなひ》文伝《ふみでん》』をあらわし、次頁下図のような文字が漢字の渡来以前にあったことを主張しました。

　韓国語を学習したことがあれば、「文字」がハングルに似ていると感じるでしょう。おそらくはハングル（諺文《おんもん》：ハングルの旧称）を参考にしてつくられたものと推測されています。図は「五十音《いつら》の図《かた》」として示されていますが、「五十音図」が日本でつくられた時期は平安時代の中頃と考えられており（➡53頁）、こうした五十音図にちかいかたちで、日本語で使われている音を整理した図が古代に存在していたとは考えにくいと思われます。

　『神字日文伝』は、上古の世には文字がなかったという『古語拾遺《こごしゅうい》』のことばを否定するところから説き始め、鹿嶋《かしま》神宮や大三輪《おおみわ》神社、弥比古《やひこ》神社、鎌倉の鶴岡八幡宮、法隆寺などに古代の文字が伝わっていると述べています。しかし、その古代の文字で記された文献などは、現在に至るまで具体的には見つかっていません。図ではワ行の「ウ」に文字が入っています。しかし、『万葉集』などにおいても、ア行の「ウ」の他にワ行の「ウ」が存在したことを裏付けることはできません。現在はワ行の「ウ」は日本語においては存在しなかったと推測されています。そうだとすると、その存在しなかったはずの「ウ」に文字が置かれていることが疑問であることになります。

漢字渡来以前の文字のことを「神代《しんだい》文字」と総称しています。平田篤胤の他にも神代文字の存在を主張した人はいました。鶴峯戊申《つるみねしげのぶ》（一七八八～一八五九）は「天名地鎮《あないち》文字」四十七文字が世界のあらゆる文字の根源であることを主張しました。落合直澄《おちあいなおずみ》（一八四〇～一八九一）は『日本古代文字考』に、いろいろな神代文字の説を集めました。

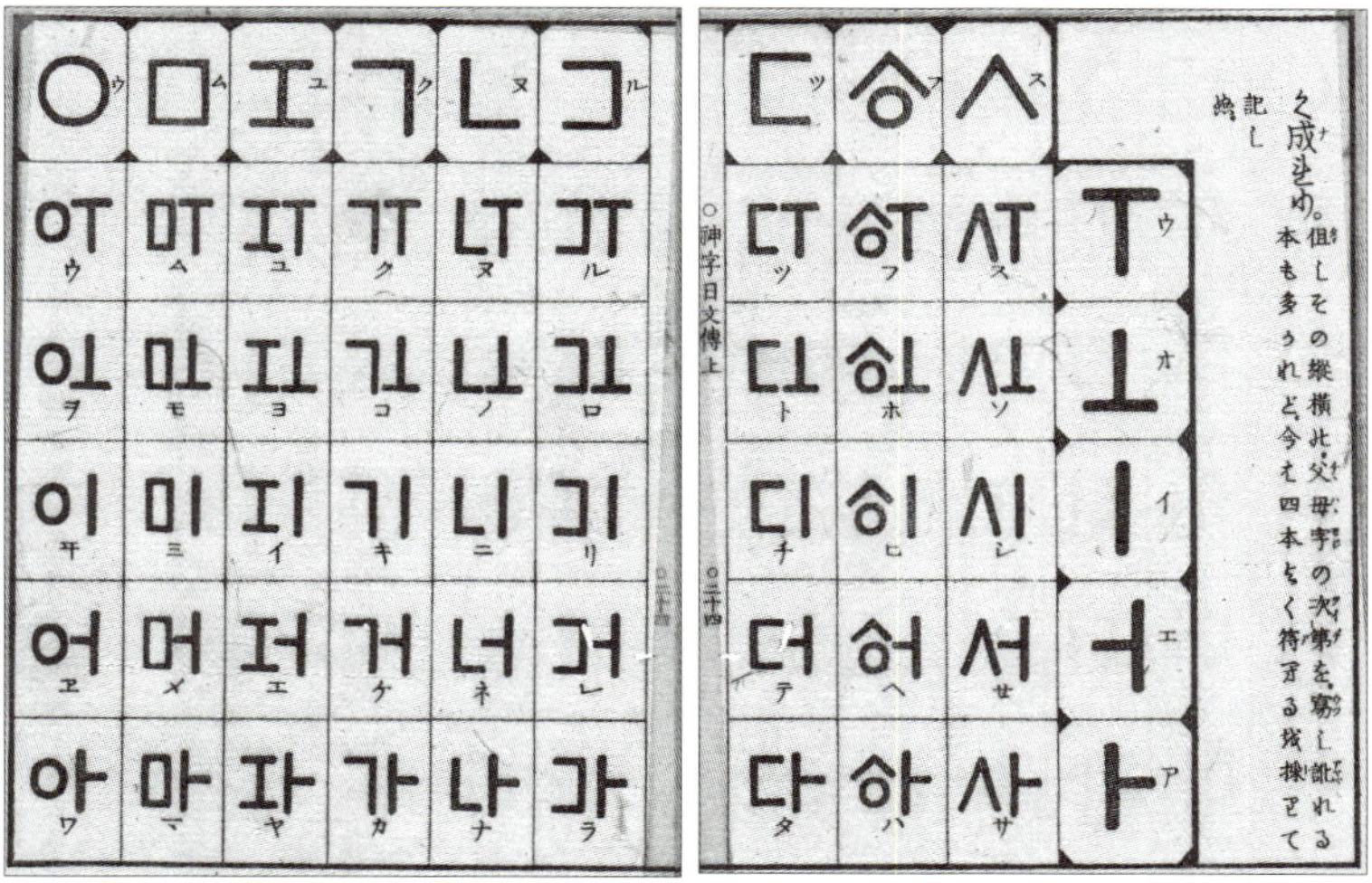

『神字日文伝』に示された神代文字

コラム

# 日本語の語源

「語源」というと、語のルーツを探るようで楽しい気持ちになる人が多いと思います。江戸時代の人もそうだったようです。『広辞苑』（第七版、岩波書店）は見出し「ごげん」（語源・語原）を「個々の単語の成立・起源。単語の原義」と説明します。例えば現代日本語の「マツゲ」は「マ＋ツ＋ケ」と分解できて、「マ」は〈目〉、「ツ」は現代日本語の助詞「ノ」と同じような助詞、「ケ」は〈毛〉という意味で、「マツゲ」はかつては〈目の毛〉という意味だったという解釈が単語の成り立ちについて説明しているといえるのであれば、これが語源の説明となります。語を分解してそれぞれの部分がかつてどういう意味であったかを説明するということです。

理屈からいえば、まず一音節の語があって、次に一音節の語が複合して、二音節の語ができて、その次には二音節の語と一音節の語が複合して三音節の語ができ、二音節の語が複合して四音節の語ができていくというのが「筋道」です。そうすると、あらゆる語は一音節の語まで分解できることになります。しかしなかなかそうはいきません。

「ヤマ」という語、「タニ」という語は、それぞれ「ヤ＋マ」「タ＋ニ」に分解できるはずですが、それでは「ヤ」はどういう語か、「マ」はどういう語か、というとそれはわからないですね。こういう時に、日本語と同じ系統の言語が特定されていると、その同系統の言語をてがかりにして、わかることがあります。しかし、本書16頁で述べたように、日本語と同系統の言語は不明です。同系統の言語をてがかりにすることができないとなると、結局は日本語の内部で推測するしかないことになります。

ある語がどういう成り立ちをしているかということは、古くから論じられてきています。山城国稲荷山に住む法橋《ほっきょう》の経尊《きょうそん》という人がつくったとされる

『名語記《みょうごき》』という辞書があります。建治元（一二七五）年六月二十五日に北条実時に献上されています。

「カミナリ」のことをあらわす「イカヅチ」という語があります。この語は、現在は〈厳めしい〉という語義の「イカ」＋助詞「ツ」＋〈霊〉という語義の「チ」が複合したものと考えられています。『名語記』では、「イカ」は「イカレル心」で、「ツチ」は「チルテリ」（散る照り）が圧縮されたもので、全体としては〈光が十方へ散る〉のが「イカヅチ」だと説明しています。

新井白石《あらいはくせき》は『東雅《とうが》』という名の語源辞書を著わしていますが、ここでは「イカ」は〈イカリ〉（怒）で、「ツチ」は〈槌で打つ〉という意味だと説明しています。貝原益軒《かいばらえきけん》の『日本釈名《にほんしゃくみょう》』では怒って土に落ちるのが「イカヅチ」だと説明しています。『日本釈名』は「読み物」としてとらえるとおもしろいかもしれません。例えば「牛」については「うるさし也。うらめしき意。其形おそろしくうらめしきもの也。うらめしきをうし云」と説明していて、形が恐ろしく、うらめしいから「ウシ」なのだと説明しています。「ウラメシイ」という語の中に「ウ」と「シ」が含まれていることからの説明だと思われます。「犬」については「いぬる也。主人になつきてはなれぬ物也。故に他所に引よせてよき食を飼へとも、もとの主人の所へいぬる也。久しくつなきおけば其主人になつきてかへらす」と説明しています。「イヌ」（去）は〈去る〉という語義で、主人のところではないところでおいしい餌をあげても、もとの主人の所へ去ってしまうから「イヌ」だという説明ですが、主人からすれば、懐いて離れないのだから去らないことになり、説明がなんだか釈然としないように思います。あるいは「猫」は「ねはねずみ也。こはこのむ也」で、ネズミを好むから「ねこ」だと説明し、さらに猫はよく寝ていて、寝ることを好むから「ねこ」だという説明もしています。「鼠」はどう説明されているかといえば、「ぬすみ也ぬとねと相通す」と説明しています。［nu］と［ne］は母音が異なり子音が共通していますが、五十音図の縦の行内で通じているというみかたです。おもしろいのか、とんでも説なのか。はたしてどちらとみればよいのでしょう。

## 「話すように書く」ことを可能に
# 言文一致運動

「言」は「はなしことば」、「文」は「かきことば」のことですから、「言文一致運動」というのは「はなしことば」と「かきことば」を一致させよう、という運動のことになります。明治二十（一八八七）年頃にこうした運動が起こり、明治四十年頃には一定の成果を得たと考えられています。

現代日本語は「はなしことば」と「かきことば」との「距離」があまりありません。したがって、「言文一致運動」ということがわかりにくいかもしれません。こうした運動が起こるということは、明治二十年頃の時点では「かきことば」と「はなしことば」との「距離」があったことになります。明治初期の翻訳では、「漢文訓読文」にちかい「かきことば」が使われていましたし、本書73頁で話題にした「候文《そうろうぶん》」も「かきことば」の一つです。「かきことば」が「情

## 文学界で起こった言文一致運動

「かきことば」を「はなしことば」に近づけようとした運動が起こった。

二葉亭四迷が小説の文体を坪内逍遥に相談。逍遥は明治落語の名人・三遊亭圓朝（さんゆうていえんちょう）の語り口を参考にするよう薦めた。

「あの圓朝の落語通りに書いて見たら何《ど》うか」

坪内逍遥《つぼうちしょうよう》
（1859～1935）

逍遥の薦めにしたがい『浮雲』（1887年）を書いたのが文学による言文一致運動の始まりのきっかけとなった。『浮雲』の翌年発表したロシア文学の翻訳『あひびき』では、「だ」調の文章が採用されている。

次の小説の文体、どうしよう…？

二葉亭四迷《ふたばていしめい》
（1864～1909）

### Point 「言文一致」はなぜ起こった？

会話文は「はなしことば」に近くないとおかしいという感覚は早くからあったと思われる。いわゆる文学作品が書かれるようになって、「はなしことば」を「かきことば」に組み込むことが切実になったと推測される。

### 落語速記という手本

逍遥は、三遊亭圓朝（1839～1900）の落語「怪談牡丹燈籠」（かいだんぼたんどうろう）の速記本刊行（1884年）の際に序文を寄せていた。速記者は若林玵蔵（わかばやしかんぞう）（1857～1938）。落語速記は言文一致の手本となり、現在では当時の日本語を映した貴重な研究資料として使用されている。

報」の記録のみに使われているのであれば、「かきことば」と「はなしことば」とを一致させる必要はないでしょう。「かきことば」と「はなしことば」とが同時に使われる場があると、両者の「距離」がはっきりと意識されやすいですね。

文学作品においては、いわゆる「地の文」が「かきことば」、「会話文」が「はなしことば」ということになりますが、会話文をできるだけ実際に使われている「はなしことば」に近づけようという考え方が言文一致運動の根幹にあるといっていいでしょう。

話しているように書く、ということがそんなに難しいことか？　と思われるかもしれませんが、漢文訓読文や候文のような「かきことば」と、「はなしことば」とは相当に「距離」があるといえるでしょう。「はなしことば」を文字化するということは、発音に注意するということでもあり、長音、促音《そくおん》、撥音《はつおん》などをどのように書くか、仮名であらわしにくい発音をどのように文字化するかなどが考えられるようになっていきます。

## 広がる「言文一致」の波

言文一致の波は、各界に広がりをみせた。

### 文学の世界での広がり

「である調」採用

尾崎紅葉は『多情多恨』（1896年連載）で「である調」を用いた。

尾崎紅葉《おざきこうよう》（1868〜1903）

「です調」採用

山田美妙も圓朝落語に影響を受けて言文一致を行ない、『夏木立』（1888年刊）などで「です調」を用いた。

山田美妙《やまだびみょう》（1868〜1910）

### 言語政策・教育の世界での広がり

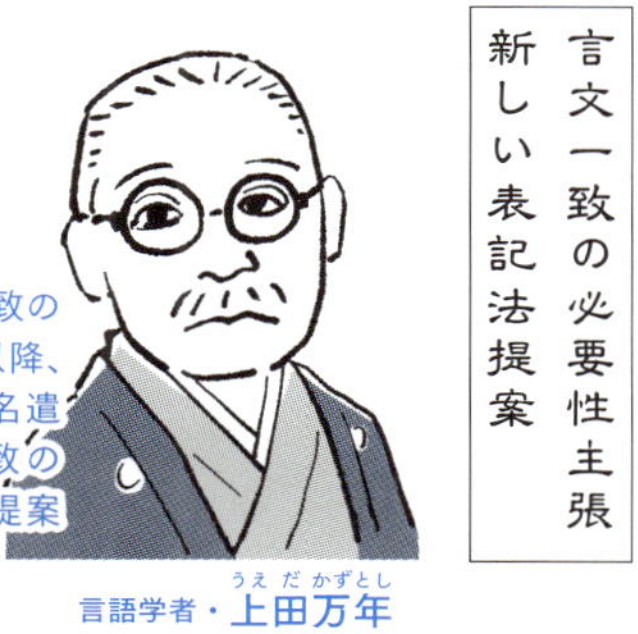
言文一致の必要性主張
新しい表記法提案

1895年に言文一致の必要性を主張、以降、長音記号や新仮名遣いなど、言文一致のための表記法を提案した。

言語学者・上田万年《うえだかずとし》（1867〜1937）

タ サ カ ア
チ シ キ イ
ツ ス ク ウ
ケ エ
コ
ト ソ
国定教科書にて標準語による口語文の教材を扱う

小学校では1903年刊行の『国定尋常小学読本』において多くの口語文教材を扱い、言文一致の文章を広く採用していった。

コラム

# 落語速記の日本語

明治時代になると、議会や法廷などでの記録を正確に行なうために、速記が使われるようになります。石井宗謙《いしいそうけん》（一八五一～一九〇五）は英語の速記法を参考にしながら、日本語の音や文法を考慮した速記法を独自に考案し、明治二十三（一八九〇）年に「石井式速記法」をつくりました。石井式速記法は日本語の音節をもとにしてつくられており、音節に対応する記号が設定されています。普及をはかるために、体系的な教育プログラムもつくられており、速記学校や講習会によって多くの速記者が養成され、国会や地方議会、法廷で石井式速記法が使われました。

田鎖綱紀《たくさりこうき》（一八五四～一九三八）は石井式速記法を学び、さらにそれを改良して、自身の速記法「田鎖式速記法」をつくりあげ、明治十五（一八八二）年に福澤諭吉が創刊した『時事新報』に「楳《うめ》の家元園子《やもとそのし》」というペンネームで、「日本傍聴記録法」（ジャパネースホノグラフヒー）という文章を発表しました。同じ年に日本傍聴筆記法講習会も始まり、講習会で田鎖綱紀から直接指導を受けた受講生の中に、若林玵《わかばやしかん》蔵《ぞう》、林茂淳《はやしもじゅん》、市東謙吉《しとうけんきち》、酒井昇造《さかいしょうぞう》らがいました。田鎖式速記法は次第に実際に使われるようになり、明治二十三年の第一回帝国議会でも速記が採用されました。

明治十七（一八八四）年には若林玵蔵が三遊亭圓朝《さんゆうていえんちょう》（一八三九～一九〇〇）の高座を速記した「怪談牡丹燈《ぼたんどう》籠《ろう》」が東京稗史《はいし》出版社から一冊七銭五厘で発売され、十三冊で完結しました。各冊の表紙見返しには、十三冊をまとめて買うと八十七銭になるという「社告」が出ています。また「筆記文体」として速記が掲げられています。

「序詞」には「活溌なる説話の片言隻語《へんげんせきご》を洩さず之を収録して文字に留むること能はざるは我国に言語直写の速記法なきが為めなり」「圓朝子が演する所の

説話を其儘に直写し片言隻語を改修せずして印刷に附せしは即ち此怪談牡丹燈籠なり」と記されていますす。「怪談牡丹燈籠」の「本文」を少しあげてみましょう。句読点は使われていないので補いました。

**侍**「コレ藤助、其天水桶の水を此刀に注けろと命ければ、最善より戦慄へて居りました藤助は

**藤**「ヘイとんでもない事になりました。若し、此事から大殿様の御名前でも出ます様の事が御坐いましては相済ません。元は皆、私から始た事、如何致して宜敷御坐いませうと、半分は死人の顔

**侍**「イヤ、左様に心配するには及ばぬ。市中を騒がす乱暴人、斬捨ても苦しくない奴だ。憂慮するなと下郎を慰めながら、泰然として呆気に取られたる藤新の亭主を呼び、

**侍**「コリヤ御亭主や此刀はこれ程切れやうとも思ひませんだつたが、中々斬れますナ、余程能く斬れるといへば亭主は慄へながら

**亭**「否貴君様の御手が冴て居るからで御坐います。

明治期の「はなしことば」をうかがうことができますね。その一方で、例えば、「フルエテ」を「戦慄へて」と文字化したり、「シンパイ」を漢語「ユウリョ」にあてる漢字列「憂慮」で文字化している点には注目したいと思います。つまり、落語の高座を速記したことを謳って出版された「怪談牡丹燈籠」において、表音に徹した文字化が行なわれているのではない、ということです。もっと仮名を使って文字化すれば、どのような語形＝発音であるかはわかりやすいはずですが、そうはしていないことにも注目したいと思います。

さて、明治二十（一八八七）年には二葉亭四迷《ふたばていしめい》の『浮雲』が発表されています。二葉亭四迷は坪内逍遙《つぼうちしょうよう》に「圓朝の落語通りに書いてみたらどうか」とアドバイスされ、そのようにして書いたものが『浮雲』であると述べています。つまり、「はなしことば」を「直写」した落語速記が言文一致のきっかけになったということになります。

## 政策が言語教育にあたえた影響
# 漢字離れの時代

明治の初期に文部省が編纂した小学生向けの教科書には、現代からすれば難しそうな漢語が使われており、漢字もかなり使われています。それでも、江戸時代の寺子屋での学習よりもやさしかったという指摘もありますが、連続性ということでいえば、江戸時代と連続していたといってもいいでしょう。

明治初期からあった漢字を制限しようという動きは明治二十（一八八七）年前後には、はっきりとしてきています。それは、西欧が意識され、これまで模範としてきた中国から離れようという気持ちに裏づけられたものであったのでしょう。この頃に、近藤真琴《こんどうまこと》『ことばのその』、高橋五郎《たかはしごろう》『漢英対照いろは辞典』、物集高見《もずめたかみ》『ことばのはやし』、大槻文彦《おおつきふみひこ》『言海』（➡134頁）といった、本格的な国語辞書が次々と出版されているのは、象徴的ともいえるでしょう。「国語」と

## 「漢字節減」という発想

幕末から明治初期にかけて、使用する漢字の数を減らそうとする動きが有識者にみられるようになった。

1866年、「漢字御廃止之議」（かんじおんはいしのぎ）の建白書を徳川慶喜に提出。漢字の習得に時間を費やすよりも、「事物の道理を講明」するほうがよい、と主張した。

前島密《ひそか》（1835〜1919）

前島密は12歳（1847年）の時に江戸で医学、蘭学、英語を学び、1865年には薩摩藩の洋学校の蘭学講師になった。オランダ語や英語に早いうちから触れていた。

### 漢語はどう書く？

前島密は漢語の使用をやめることは主張していない。今日は「コンニチ」、忠孝は「チウカウ」のように仮名表記で書けばよいと述べた。

### 諭吉は現代人感覚？

現在の常用漢字表（2010年告示）には2,136字が掲載。福沢諭吉が示した数は現在の感覚と案外近い。

福沢諭吉（1835〜1901）

『第一文字之教』（1873年刊）の「端書」（はしがき）で「漢字節減」を主張。難しい漢字はなるべく用いないように、漢字の数は「二千か三千」で充分である、と主張した。

### 「漢字節減」の道のりはまだ遠い

実際の当時の言語生活は、多様な漢字を軸とし、和語と漢語の強い結びつきを背景にして日本語が運用されており、このような論がすぐに実現化されるには至らなかった。

いう意識が高まっていることがうかがわれます。明治二十七年には、これまで模範としてきた中国との間で日清戦争が始まります。

第一次国定教科書である『尋常小学読本《じんじょうしょうがくとくほん》』は明治三十七（一九〇四）年から実際に使用され始めました。この年は日露戦争が始まった年でもあります。この読本では口語の教材が数多く採用されています。また、『尋常小学読本』の最初の二巻は片仮名のみで書かれており、三巻目で片仮名の中に少しずつ平仮名がみられるようになります。教科書でも漢字離れが進んでいることがわかります。

### 「魚」篇漢字から25年の間に起こった変化をうかがう

小学校令施行規則の第三号表は篇ごとに漢字を掲載している。それより25年前の1875年に刊行された『小学入門』（下等小学校用の入門教材を1冊にまとめたもの）乙号には、魚篇の漢字に「鰕・鰯・鯵・鯰・鯛・鯉・鮒・鰻」などが使われているのに対し、第三号表の魚篇は「魚」字一つのみ。この比較からは、明治初期、漢字節減という発想は少なくとも教科書には反映されていなかったことがわかる。

## 教育を通じたコントロール

小学校で教える漢字の「節減」が制定され、教育を通してコントロールされた。

現在の小学校で教育する漢字は一〇〇六字

小学校令施行規則（1900年公布・施行）の第16条で漢字の「節減」を制定。小学校で教える漢字の範囲を第三号表で示す。第三号表には1,200字の漢字が掲載された。

1904年から使用開始された第一次国定教科書『尋常小学読本』は全8冊から成るが、そこで使用される漢字数は総計500字程度。第三号表から激減しており、現代の小学生が学ぶ漢字の約半分である。

**Point**

**なぜ脱・漢字？**

1894年に日清戦争が開始、翌年日本が中国に勝利したが、このような時代の流れも脱・漢字の方針の原因の一つと言える。

### 仮名も「一つ」の時代へ

小学校令施行規則は、平仮名・片仮名の字体を一つに定めたことにも注目。江戸期以前は多様な字母の仮名を使っていたが、ここで定められたもの以外の字母の仮名は「変体仮名」（へんたいがな）と呼ばれるようになる。

コラム

## 漢語都々逸《かんごどどいつ》・洋語都々逸《ようごどどいつ》

江戸時代の天保年間（一八三〇〜一八四四）に、都都《どど》逸《いつ》坊扇歌《ぼうせんか》がつくった俗曲を「都都逸節」、略して「都都逸」と呼びます。男女の恋愛や風俗、人情などを口語で歌い、一般的には七・七・七・五の四句二十六音から成っています。

明治時代には、漢語を詠み込んだ漢語都都逸や西洋語を詠み込んだ洋語都都逸がつくられるようになり、小冊子で印刷、出版されるようになりました。次頁下図は山々亭有人《さんさんていありんど》の『漢語都々逸』初編です。

図の右頁には「思《おも》ふお人《ひと》を隔絶《かくぜつ》されて常《つね》に追暮《ついぼ》の積《しゃく》のたね」、左頁には「文はやれども返辞《へんじ》は来《こ》ないなぜに因循姑息《いんしゅんこそく》する」とあります。漢語「ツイボ」は「追慕」と書くのが一般的ですが、あるいは「慕」と「暮」との字形が似ているために誤っているのかもしれません。漢語「カクゼツ」（隔絶）、「ツイボ」（追慕）、「インジュンコソク」（因循姑息）にはそれぞれ「へだゝる」「をひしたふ」「ぐず々々をそくなる」という振仮名が左側にも施されています。江戸時代頃から、このように漢字列の左右に振仮名を施すことが行なわれるようになってきています。左右に振仮名を施す場合、おおむね右振仮名は語形＝発音を示し、左振仮名は語義の補助的説明をすることが多いです。〈決断力に欠け、ぐずぐずする〉という語義をもつ漢語「インジュンコソク」（因循姑息）は明治期によく使われていたようです。

漢語都々逸は、情緒的な男女の恋愛模様をテーマとしながら、そこに「かたい」漢語を詠み込むことによって「ミスマッチ」によるおもしろみを出そうとしていると思われます。そうであれば、詠み込まれている漢語は、明治期によく使われた漢語である可能性があるでしょう。

『漢語都々逸』は絵入りで出版されています。絵と都々逸と左右の振仮名で、当時としてもおもしろい読物だったことでしょう。『英語都々逸』では、「hotel」の右側に「ホテル」と発音を示し、左側には「宿屋」と意味を示しています。明治時代にも、漢字の両側に振仮名を施す「左右両振仮名」が使われることが少なからずありましたが、英語を真ん中において、発音と意味とを左右の振仮名で示す、明治期らしい表示方法といっていいでしょう。絵は明治五（一八七二）年に火事で焼失した築地ホテルだと考えられています。

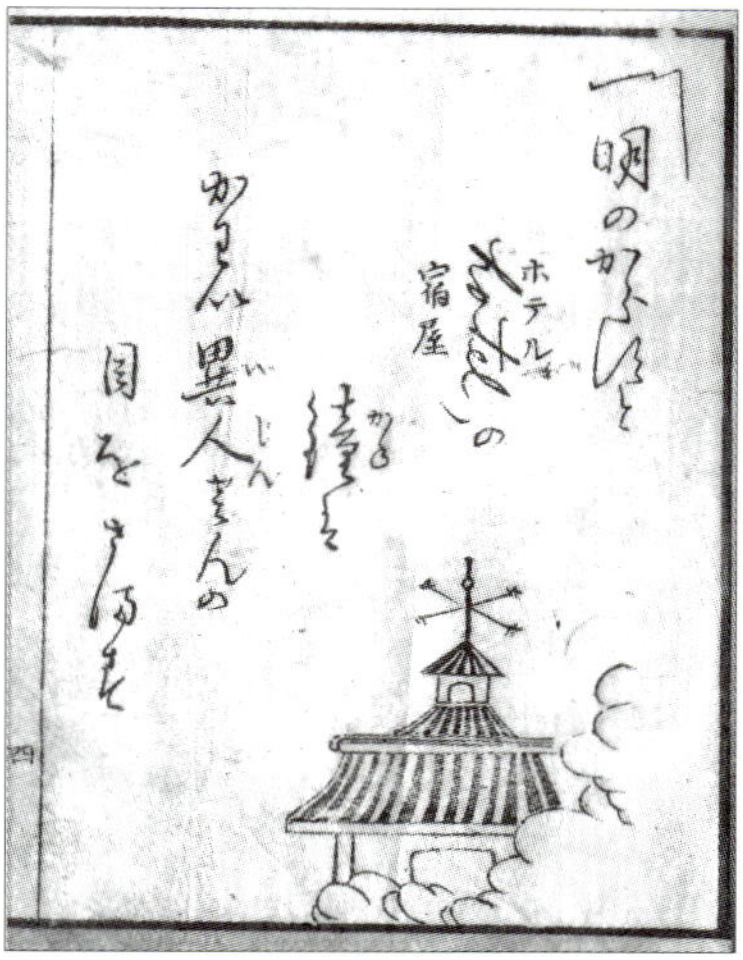


『英語都々逸』

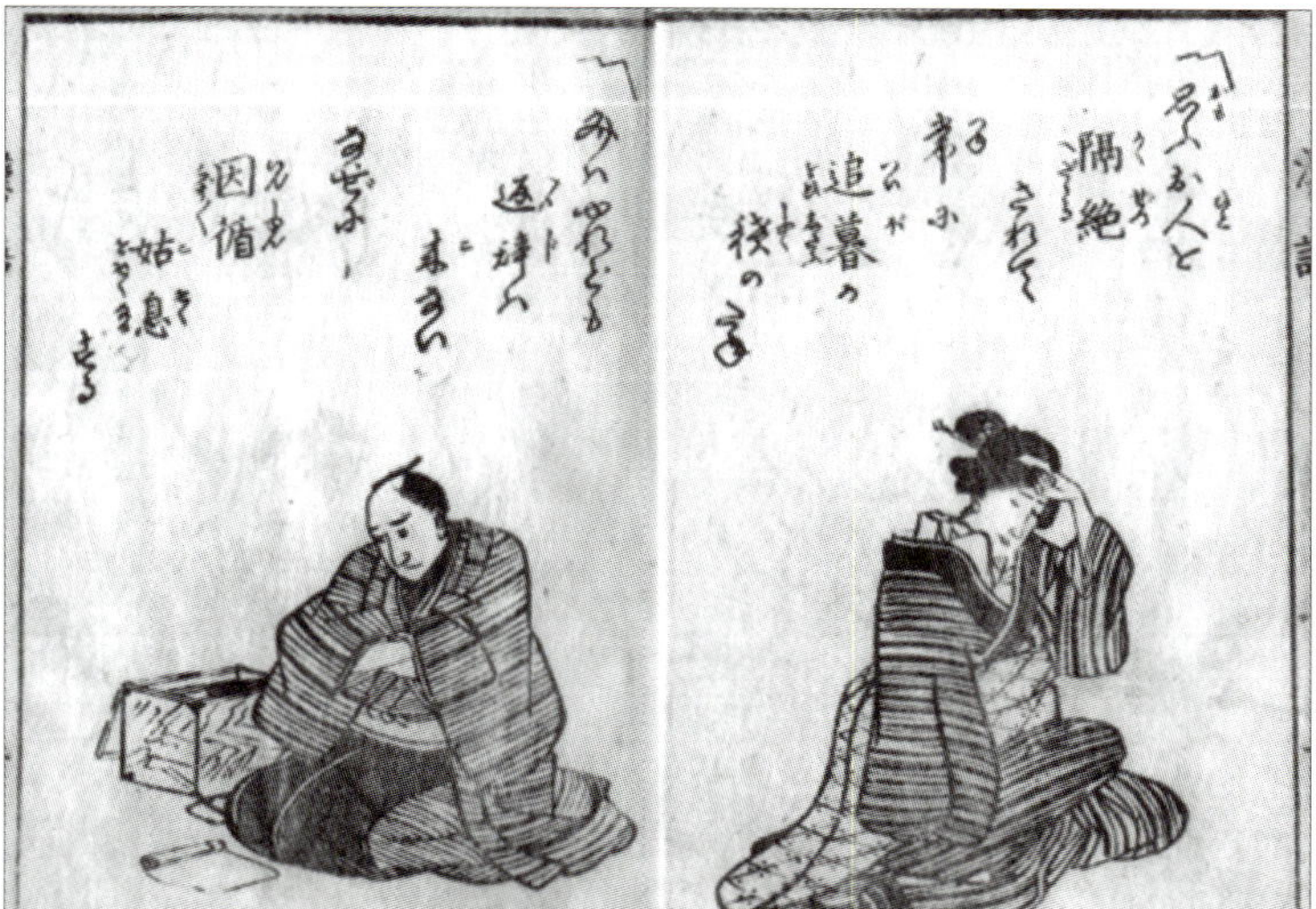

『漢語都々逸』初編

コラム

# 明治のベストセラー

明治期の出版物については、現在のように販売部数のデータがあるわけでもなく、また書店やメディアのランキングがあるわけでもないので、「ベストセラー」といっても現代と同じような意味合いではありません。しかし、福澤諭吉（一八三五～一九〇一）の『学問のすすめ』、中村正直《なかむらまさなお》（一八三二～一八九一）がサミュエル・スマイルスの『Self-Help』を翻訳した『西国立志編《さいごくりっしへん》』、内田正雄《うちだまさお》（一八三九～一八七六）の『輿《よ》地誌略《ちしりゃく》』が明治時代の三大ベストセラーと呼ばれることがあります。

福澤諭吉の『学問のすすめ』は明治五（一八七二）年に小幡篤次郎《おばたとくじろう》との共著として初編が刊行され、順次刊行が進み、明治九年に十七編が刊行されて完結しました。初編冒頭の「天は人の上に人を造らず人の下に人を造らず」はよく知られていますね。

中村正直が翻訳した『西国立志編』は明治四（一八七一）年に十一冊仕立てで出版されています。三百人以上の欧米人のいわゆる成功談を収めており、自助の精神を賞揚するものと考えられています。

内田正雄の『輿地誌略』は明治三（一八七〇）年から十三年にかけて、全四篇十二巻（全十三冊）で刊行されています。内田正雄は安政四（一八五七）年に、長崎海軍伝習所の第三回伝習生に選ばれ、文久三（一八六三）年には幕府がオランダに派遣した十五人の留学生の一人として選ばれ、オランダ語、機械学、科学などを学んでいます。慶応三（一八六七）年には帰国し、明治政府に出仕し、開成所、文部省に勤めています。

福澤諭吉、中村正直、内田正雄いずれも江戸時代の天保年間（一八三〇～一八四四）に生まれていることには注目しておきましょう。国木田独歩が明治三十六（一九〇三）年に『中学世界』に発表した「非凡なる凡人」には、十四歳の少年が『西国立志編』

がおもしろく、「何度此書を読んだか知れない」とあります。あるいは、大正四（一九一五）年に『朝日新聞』に連載された夏目漱石の『道草』の中には、「健三」が小学校の頃に『輿地誌略』を「抱いて喜びの余り飛んで」帰ったというくだりがあります。

『輿地誌略』は、同書の凡例によれば、内田正雄が留学していた時に入手した地理書に基づいて書かれた、啓蒙的な世界地誌書です。世界各国の国勢や政治体制、風俗、歴史を五つの地域に分けて記述しています。明治七（一八七四）年十一月に出された『文部省雑誌』第二十二号によると、『輿地誌略』が十五万四千二百部刊行されたことになっています。『輿地誌略』全十三冊のうち、巻七までの図版は洋風画家川上冬崖《かわかみとうがい》が描いた図を木版画に刷ったもの、巻八、巻九はすべて銅板画、巻十〜巻十二では銅板画と石版画とが混在していることがわかっています。そして、全十三冊に掲載された三七六点の挿画のうち、一九五点が、*Tour du Monde*《ル・トゥール・デュ・モンド》という一八六〇年にパリで創刊された雑誌の図版をもとに描かれていることもわかっています。

『輿地誌略』巻五

## 明治期の日本語を映す
# 近代的辞書『言海』

明治二十四（一八九一）年に刊行を終えた『言海』は、現在出版されている国語辞書につながるような体裁をもつ本格的な国語辞書として高く評価されています。編集は大槻文彦《おおつきふみひこ》が行ないました。

ＪＲ一ノ関《いちのせき》駅前には「大槻三賢人」の像がありますが、蘭学者大槻玄沢《げんたく》、儒学者大槻磐渓《ばんけい》と大槻文彦の三人です。玄沢は文彦の祖父、磐渓は父にあたりますが、兄の如電《じょでん》は漢学者として知られています。

大槻文彦は文部省に入省した時には英和辞書の編纂を命じられています。この時に編纂していた英和辞書が早稲田大学の図書館にあります。注目しておきたいのは、蘭学、洋学を修め、漢学も修めている文彦が国語辞書を編纂したということです。文彦に限らず、明治期の「リーダー」たちは洋学を修めており、人によっては

### 『言海』誕生

『言海』は、よく吟味工夫された、日本で最初の近代的国語辞書とされる。

『言海』は、文部省内で官撰辞書として企図され1889年に四分冊で刊行を開始し1891年に完成。

大槻文彦は江戸の開成所や仙台の藩校で英学・蘭学を修め、1872年に文部省入省。その年に英和対訳辞書の編輯を命じられる。さらに1875年、国語辞書編纂を命じられ『言海』編纂に従事した。

大槻文彦（1847〜1928）

**Point**

**近代的国語辞書編纂のために必要な知識教養**

大槻文彦は英語の教養に加え、「言文一致運動」につながる仮名文字論を唱え1883年には「かなのとも」を結成。**近代日本に必要な知識教養を備えた人物であったため、『言海』は完成した**と言える。

国家的大事業だったのに、編纂者が費用負担

**大事業ゆえ…苦労の連続**

事業の困難さに加え、家族や校正者の死去・異動もあり刊行は遅延。「大虚槻（おほうそつき）先生の食言海」（「食言」は「うそをつく」意）となじられることもあった。さらに、当初は文部省内の事業として編纂したが、草稿が大槻に「下賜」され、出版費用は大槻自身が負担した。

海外留学の経験もあり、そして漢学もできたということです。そのような高度な言語運用能力をもっていた人々が明治の日本をリードし、自身の「バランスのとれた知」をもとにして国語辞書を編纂していました。『言海』は漢語に使う活字と和語に使う活字とを分け、促音《そくおん》や拗音《ようおん》をハイフンや傍線によって示しており、語の発音についても十分に配慮された辞書です（➡15頁例13）。そのため校正が非常にたいへんでした。見出しの直下にひろく使われている書き方を示しているのも「工夫」といえるでしょう。

### 『言海』ユーザーたち

『言海』は文人や政界の重鎮にも広く使用された形跡がある。学校卒業の記念品としても配られたりしており、昭和期まで継続的に出版が重ねられた。

日頃《ひごろ》苦《く》にして、使《つか》ふ時《とき》には屹度《きっと》言海《げんかい》を引《ひ》いて見《み》る（『明暗』）

夏目漱石
北原白秋
勝海舟
榎本武揚

白秋は、『言海』を覚えては食べていた、という逸話が残るほど熱心な読者であったらしい。
※真偽は不明

『言海』完成時、勝海舟や榎本武揚（えのもとたけあき）にも進呈していたため、彼らも目にしていたはずである。

## 『言海』の特徴

『言海』の巻首には文法全般の記述がある他、本文中では近代辞書として細やかな配慮がうかがわれる。

#### ・五十音順排列

「いろは」順でなくて大丈夫なのか…？

福沢諭吉は『言海』が五十音順であることを知って難色を示したという。➡53頁

#### ・語源を示す

高麗犬《コマイヌ》ノ義

「コマイヌ」項目の語源説明。

#### ・品詞の別や発音を表示

さい－はい《ワイ》（幸）

ゑんじ－ゆ（槐）

促音や拗音を示すハイフンを用いたり、実際の発音を示す。

#### ・約物を工夫

⺊かひこ（卵）

「古キ語」「多ク用ヰヌ語」を示す。

艹がらんどう

「訛語」（ナマリ）、「俚語」（サトビコトバ）を示す。

### 口述筆記の大作（？）辞書

山田美妙は『言海』に対抗して『日本大辞書』を刊行（1892〜1893年）したが、本文1,399頁（第五版）のうちサ行の終りまでに988頁費やすなど不均衡があることが指摘され、口述速記によって作成したという推測もある。

### Point 細かい工夫が光る『言海』

上のような特徴以外にも、**漢語と和語で字体（フォント）を変えており**、仮名文字論を唱えるなかで鍛えられた意識の成果であると推測できる。一連の工夫は大槻文彦のこれまでの経歴が反映されている。

コラム

# 日本語と英語が出会った時

ここでは言語として日本語と英語が出会ったということではなくて、「日本語と英語の出会い」ということについて、もう少し「具体的」に考えてみたいと思います。

例えば、江戸幕府や明治政府といった「官」が出版した「官版」としては、『英和対訳袖珍《しゅうちん》辞書』が最初の官版英和辞書ということになります。「袖珍」はポケットサイズのことです。

この『英和対訳袖珍辞書』は文久二（一八六二）年の暮れ頃に江戸幕府の洋書調所《しらべしょ》から刊行されています。印刷部数は二百部と推測されています。英語の印刷には洋書調所の活字を使い、献上されたイギリス製のスタンホープ印刷機を使って活版印刷され、日本語は木版に彫って、つまり整版として印刷し、輸入した洋紙を使って、二十四頁を一折りとした四十折り、「本文」九五三頁の本としてつくられました。オランダ人のピカードが編集した英蘭辞書の第二版、初版が使用されたと推測されています。英和辞書と一口に言ってしまうと、どうやって印刷したのかとか、活字はどうしたのか、といった「具体的なこと」が見逃されてしまいます。具体的に考え、想像することで、いろいろなことが背景にあって、英和辞書ができあがっているということがわかるようになります。

『英和対訳袖珍辞書』の初版では、英語は左横書き（左から始まって右に進む横書き）、日本語の語釈は横転縦書き（右から始まって左に行が進む右縦書きを左に九十度倒したかたち）で印刷されています。そして、英語は金属活字印刷、日本語は整版印刷されているということです。こうしたことを「日本語と英語が出会う」と表現し、その「出会い」がどういうかたちで実現しているかということを観察してみたいと思います。

屋名池誠は『横書き登場－日本語表記の近代－』

(岩波新書)において、「日本語の自立した左横書き」で「公刊されたもの」(六十一頁)として明治四(一八七一)年に出版された英和辞典『浅解英和辞林』をあげています。明治六年に出版され、挿絵が入った大型の辞書として明治期の前半にひろく使われていたと思われる、子安峻《こやすたかし》、柴田昌吉《しばたしょうきち》の『附音挿図《ふおんそうず》英和字彙』の明治十五(一八八二)年に出版された第二版では日本語も左横書きにしており、英語、日本語ともに左横書きが次第に浸透していきます。

現在では、インターネットなどはもちろんのこと、出版物などでも日本語の左横書きはごく一般的な書き方=書字方向として使われていますが、さかのぼれば、英語との出会いが日本語の左横書きを促したといってもいいかもしれません。日本語と中国語との出会い、接触は書字方向には影響を与えなかったわけですが、英語との出会いが書字方向に影響を与えたことには注目しておきたいと思います。

もう一つ考えておきたいことがあります。『附音挿図英和字彙』初版では英語「Invective」を「罵語《アクタイ》。誹謗《ソシリ》」という語釈で説明をしています。振仮名から考えを進めるならば、英語「Invective」を漢語「アクタイ」(悪態)と和語「ソシリ」で説明をしています。それぞれの語を文字化するにあたって、「アクタイ」には漢字列「悪態」ではなく「罵語」を使い、「ソシリ」には「譏」ではなく漢語漢字列「誹謗」を使ったということになります。「罵語」は『日本国語大辞典』(小学館)も『大漢和辞典』(大修館書店)も見出しにしていないのでなんともいいにくいですが、英語「Invective」を漢語=中国語「誹謗」によって説明している辞書があって、『附音挿図英和字彙』はその辞書を参照しながら編集されたというようなことは考えられないでしょうか。それはともかくとしても、英和対訳辞書といっても、英語を和語で説明するのではなく、そこに漢語=中国語、あるいは漢字列が介在しているということには注目しておきたいと思います。漢語や漢字列は日本語の一部いや、一部どころか日本語の大きな部分を形成しているというような状況が、こうしたところにもあらわれていると考えることができるのではないでしょうか。

## 明治・大正・昭和を生きた推理作家

# 探偵小説の日本語

江戸川乱歩《えどがわらんぽ》は明治二十七（一八九四）年生まれで昭和四十（一九六五）年に亡くなり、横溝《よこみぞ》正史《せいし》は明治三十五（一九〇二）年生まれで、昭和五十六（一九八一）年に亡くなっているので、乱歩は正史よりも八歳年長ということになります。二人とも、明治に生まれ、昭和になって亡くなっているので、明治、大正、昭和の日本語を使ったことになります。

日本の探偵小説は海外の様々な作品の影響を受けてできあがりました。乱歩も正史も海外の作品を数多く読み、影響を受けています。乱歩がどのような外来語を使っているかに注意しながら読んでみるのもおもしろいだろうと思います。外来語を片仮名によって文字化することは現在でも行なわれています。その他、片仮名はロボットや宇宙人といった「人間ではない」もののことばをあらわす時に使われることがあり

## 江戸川乱歩の日本語

乱歩作品の「日本語」に注目してみよう。

「…簡単な抜け穴の入口のカムフラージュです」（『吸血鬼』）

**乱歩が取り入れた外来語**
「カタレプシ」(精神分裂病の症状の一つ)、「フェティシズム」などの外来語を使用。

盲獣はドキドキ光る短刀を抜き放って、横たわっている真珠夫人の頸筋へ、…（『盲獣』）

**独創的オノマトペ**
「ドキドキ」を刃物の鋭利なさまの形容として用いる。

「ハヤク、ハヤク、コロシテクレ」（『黄金仮面』）

**「非常の言語」をあらわす**
瀕死の重傷者のセリフを片仮名で記す。

**Point 片仮名に込めた世界観**
乱歩の片仮名表現からは物語の世界観を創る工夫がうかがえる。

斎藤老人は、思わず振りかえって、暗闇の中の、見えぬ敵に対して、身がまえをした。
「誰だ、そこにいるのは、たれだ」……
「たれだ、たれだ」
老人はつづけざまに、悲鳴に似たさけび声をたてた。（『吸血鬼』）

「誰」は、「タレ」の語形から江戸時代後期以降に「ダレ」に変化したと考えられる。乱歩が『吸血鬼』を連載し始めたのは昭和5(1930)年。当時一般的だったはずの「ダレ」ではなく「タレ」を使うことによって「老人」の言葉をあらわそうとしたのか。

### 消えた「工夫」？

この「たれ」は桃源社版全集５（1961年刊）に掲載された際は「だれ」の表記に変更されている（左例文は1955年刊の春陽堂版全集6より）。複数回の出版を経てせっかくの「工夫」は消えてしまったのかもしれない。

ますし、オノマトペが片仮名によって文字化されることもあります。どんな語が片仮名で書かれているかもおもしろい観点になりそうです。

乱歩は、昭和二十九（一九五四）年に刊行が開始された『江戸川乱歩全集』の「自序」で「古い用法の漢字を改め」たと述べています。これはとても興味深いことです。明治に生まれて、大正を経て、昭和二十九年頃になって、乱歩は自分の使っていた日本語が古くなっていることを自覚したことになります。

横溝正史が生まれた明治三十五年頃は、江戸時代の日本語との連続性が少しうすくなってきた頃だと推測できます。三十年で世代が一つ変わると考えることが多いですが、明治が一つ世代を変えた時期といえるでしょう。明治三十七年には国定教科書による小学校教育が始まります。そう考えると、横溝正史は乱歩よりも「明治色」がなさそうです。しかし、現代日本語では使わない「ギョクン」という、ちょっと変わったオノマトペを二人とも使っています。正史は乱歩の作品をよく読んでいたのでしょうね。

## 横溝正史の日本語

正史作品の「日本語」に注目してみよう。

『鍾乳洞殺人事件』は『八つ墓村』にも影響を与えた、横溝による翻訳作品（原作・D.K.ウィップル）。

ダイイング・メッセージが出てくる。

奴警察《やっけいさつ》へは行《ゆ》かずに、そのまゝずらかつて了《しま》ふかも。（初出・初版）

→

奴《やっ》警察には行かずに、そのまゝずらかって了《しま》ふかも。（扶桑社文庫版）

上は横溝が翻訳した『鍾乳洞殺人事件』より。初出・初版（「初出」は1932年刊の雑誌『探偵小説』、「初版」は1935年刊の世界傑作叢書第五巻より）では助詞「へ」が使われているが、扶桑社文庫版（2006年刊）では助詞「に」が使われている。文庫版編集者の無意識の改変によるものか。

江戸川乱歩と横溝正史の縁は深い。乱歩の紹介で正史は東京の出版社に入社。お互いの作品の編集者をつとめたこともある

### 仲良し乱歩と共通のオノマトペ

横溝作品にはオノマトペ「ギョクン」の使用が見られるが、乱歩も「それを見ると、彼はギョクンとして思わず手を話した」（『虫』）のように「ギョクン」を使用している。『日本国語大辞典』（第二版）や『日本語オノマトペ辞典』（双方とも小学館刊）にも掲載されていない、二人の推理作家に共通するオノマトペである。

「あら、若林さんだわ！」その一言に耕助の心臓はギョクンとおどった。（『犬神家の一族』）

### Point 助詞「へ」と「に」

場所をあらわす助詞「に」が方向をあらわす「へ」の領域でも使われるようになるのは、中世期からみられる。江戸〜明治期以降、この「に」と「へ」の交代はいつでも起こるようになったといえる。

コラム

# 振仮名について

ジョン・マレイの著作を丹羽純一郎《にわじゅんいちろう》が翻訳して、明治十一（一八七八）年に出版した『龍動繁昌記《ろんどんはんじょうき》』という本があります。その初編の二十丁裏（右頁）と二十一丁表（左頁）の箇所を例にして振仮名の説明をしてみたいと思います（次頁下図参照）。

右頁の九行目に「掲示《ケイジ》」とあります。振仮名は、読み手にとっては、その語の「読み＝発音」を示していることになりますね。「ケイジ」は漢語ですが、左頁の三行目「冨《トミ》」の場合は、漢字で書かれた和語の「読み」を示しています。

仮名が生まれた九世紀末頃までは、日本語は漢字によって文字化されています。仮名が生まれてからも、漢字を使うことは続けられており、現代もまた漢字を使っています。つまり、日本語はずっと漢字を使ってきたことになります。日本語を使っていくためには、どうしても漢字についての知識が必要になります。

漢字をよく知っている人々だけが読むのであれば、振仮名は基本的に必要がないともいえますが、それほどでもない人々が読む可能性があるのだったら、漢字については何らかの「配慮」が必要になります。難しいと思われる漢字は使わないというのはそうした「配慮」の一つですが、「振仮名」を施しておくことも、有効な「配慮」といえるでしょう。

江戸時代になって、整版印刷の技術が高まり、出版物を不特定多数の人々に販売するようになって、振仮名が施された本が増えています。明治時代も同様に、振仮名が施された本が多く出版されています。整版印刷は、振仮名を自由に施すことができる出版形態、出版方式であったとみることができます。

さて、左頁の七行目の本行に「腐朽」とあって、右側には「フキフ」（＝フキュウ）、左側には「クサレ」と振仮名が施されています。活字による印刷の場合、本行の左右に振仮名を施すことは技術的に難しくなりますが、整版印刷の場合は、こういうことも簡単にできます。本文は「腐朽シテ」とあるので、ここでは漢語「フキュウ」(腐朽)が使われ、その「読み＝発音」を右振仮名で示しています。左振仮名の「クサレ」は、その「フキュウ」という漢語がどういう語義であるかを和語で示しています。左振仮名「クサレ」は「シテ」には続いていかないので、この「クサレ」は漢語「フキュウ」に対しては、注のようなはたらきをしているとみることもできます。次の行では本行にある「佇立」の右側に「チヨリツ」、左側に「タヽズミ」とありますが、これも同じように考えることができます。

右頁の八行目、本行の「當時」の右側には振仮名がなく、左側のみに「ソノコロ」とあります。「當時」の「読み＝発音」が「トウジ」であることはわかるので右側には振仮名がなく、語義が「ソノコロ」であることだけを左振仮名で示しているのでしょう。

振仮名に気をつけながら、江戸時代や明治時代に出版された本を読んでみるのはおもしろいですね。

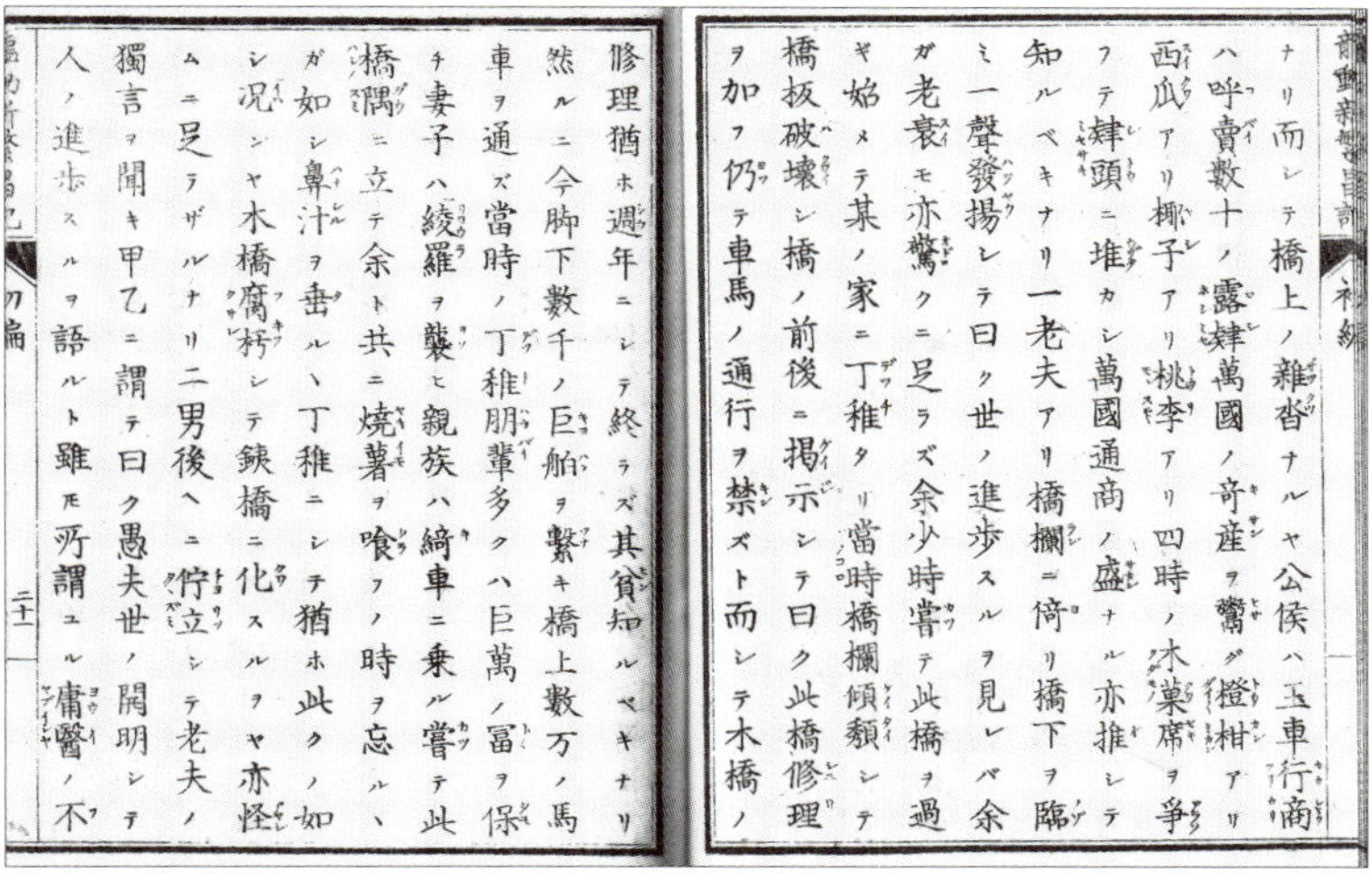
龍動新繁昌記 初編

ナリ而シテ橋上ノ雜沓《ザツタフ》ナルヤ公侯ハ玉車行商
ハ呼賣《バイ》數十ノ露肆《ロシ》萬國ノ奇産《キサン》ヲ鬻《ヒサ》グ橙柑《トウカン》アリ
西瓜《スイクワ》アリ椰子《ヤシ》アリ桃李《タウリ》アリ四時ノ木菓《クワ》席ヲ爭《アラソ》
フテ肆頭《シトウ》ニ堆《タイ》カレ萬國通商ノ盛《サカン》ナル亦推《スイ》シテ
知ルベキナリ一老夫アリ橋欄《ラン》ニ倚《イ》リ橋下ヲ臨《ノゾ》
ミ一聲發揚《ハツヤウ》シテ曰ク世ノ進歩スルヲ見レバ余
ガ老衰《スイ》モ亦驚《オドロ》クニ足ラズ余少時嘗《カツ》テ此橋ヲ過
ギ始メテ某ノ家ニ丁稚《デツチ》タリ當時《ソノコロ》橋欄傾頽《ケイタイ》シテ
橋板破壞《ハクワイ》シ橋ノ前後ニ掲示《ケイジ》シテ曰ク此橋修理《シユウリ》
ヲ加フ仍《ヨツ》テ車馬ノ通行ヲ禁《キン》ズト而シテ木橋ノ

修理猶ホ遲年《チネン》ニシテ終ラズ其貧《ヒン》知ルベキナリ
然ルニ今脚下數千ノ巨舶《キヨハク》ヲ繋《ツナ》キ橋上數万ノ馬
車ヲ通ズ當時ノ丁稚朋輩《ホウバイ》多クハ巨萬ノ冨ヲ保《タモ》
チ妻子ハ綾羅《リヨウラ》ヲ襲《カサ》ネ親族ハ綺《キ》車ニ乗ル嘗《カツ》テ此
橋隅《グウ》ニ立テ余ト共ニ燒薯《イモ》ヲ喰《クラ》フノ時ヲ忘ル、
ガ如シ鼻汁《ハナシル》ヲ垂ル、丁稚ニシテ猶ホ此クノ如
シ況《イハ》ンヤ木橋腐朽《フキウ》《クサレ》シテ鉄橋ニ化《クワ》スルヲヤ亦怪《アヤシ》
ムニ足ラザルナリ二男後ヘニ佇立《チヨリツ》《タヽズミ》シテ老夫ノ
獨言ヲ聞キ甲乙ニ謂テ曰ク愚夫世ノ開明シテ
人ノ進歩スルヲ語ルト雖モ所謂ユル庸醫《ヨウイ》《ヤブイシヤ》ノ不

龍動新繁昌記 初編 二十一

『龍動繁昌記』二十丁裏・二十一丁表

## 参考文献


秋本守英編『資料と解説　日本文章表現史』二〇〇六年、和泉書院
沖森卓也編『日本語史』一九八九年、おうふう
沖森卓也編『資料　日本語史』一九九一年、おうふう
沖森卓也『はじめて読む日本語の歴史』二〇一〇年、ベレ出版
沖森卓也『日本語全史』二〇一七年、ちくま新書
木田章義編『国語史を学ぶ人のために』二〇一三年、世界思想社
倉島節尚『中高生からの日本語の歴史』二〇一九年、ちくまプリマー新書
日本語学会編『日本語学大辞典』二〇一八年、東京堂出版
山口仲美『日本語の歴史』二〇〇六年、岩波新書
『別冊 歴史人　蔦谷重三郎とは、何者なのか?』二〇二三年、十二月号増刊、ABCアーク

◉今野真二の著作
『日本語の考古学』二〇一四年、岩波新書
『辞書をよむ』二〇一四年、平凡社新書
『日本語の近代―はずされた漢語―』二〇一四年、ちくま新書
『「言海」を読む―ことばの海と明治の日本語―』二〇一四年、角川選書
『日本語のミッシング・リンク―江戸と明治の連続・不連続―』二〇一四年、新潮選書
『図説　日本語の歴史』二〇一五年、河出書房新社
『戦国の日本語―五百年前の読む・書く・話す―』二〇一五年、河出書房新社
『図説　日本の文字』二〇一七年、河出書房新社
『日本語が英語と出会うとき―日本語と英和・和英辞書の百五十年―』二〇一九年、研究社
『振仮名の歴史』二〇二〇年、岩波現代文庫
『乱歩の日本語』二〇二〇年、春陽堂書店
『日本語の教養一〇〇』二〇二一年、河出新書
『横溝正史の日本語』二〇二三年、春陽堂書店



**【謝辞】**
本書中、特に「図解」における通史的な観点や例文選出等は、上記したような日本語史の概説書類を参考にさせていただきました。くわえて、ここには記しきれない先人たちの幾多の学恩により、本書は成っています。ここに、深くお礼申し上げます。


61頁コラムの答え：①ベルリン　②アラビア　③ペテルブルグ　④ワシントン　⑤エジプト　⑥エチオピア　⑦ベルギー　⑧メキシコ　⑨ブラジル　⑩ナポレオン　⑪シェイクスピア　⑫ハイドン　⑬ベーコン　⑭スピノザ　⑮ダーウィン　⑯ニュートン　⑰ルイ　⑱ルノワール　⑲ルーベンス

# おわりに

現在、わたしたちが使っている日本語に至るまでに、「日本語の歴史」があったということを図版やイラストを見ながら、実感していただけたのではないかと思います。どんな言語も、時間が経過するにしたがって、変化をします。「はなしことば」は文化や社会の変化に伴ってどんどん変化していきますし、「かきことば」も変化していきます。言語が文化や社会にはたらきかけをすることもありそうです。日本語の歴史を知ることによって、日本の文化や日本の社会の歴史について理解が深まることもあるはずです。

本書の中でも述べていますが、日本語の歴史の中で、大きなポイントの一つとなるのが漢字です。漢字は日本語をあらわすための文字ですが、長く使っているうちに、漢字は、単に言語をあらわす文字ということを超えて、言語そのものにはたらきかけをするようになったと思われます。日本語の歴史は漢字をどのように使っていったか、という歴史でもあります。平安時代に宮中で女御たちが着ていた衣装は残っていません。しかし、どのような衣装を着ていたかということは、『源氏物語』には書き記されています。過去の日本文化や日本のようすは、すべて文献に書き記された日本語を読み解くことによって明らかになっていきます。日本語の歴史を知ることによっていろいろなことを知るきっかけになれば、著者としてこれほど嬉しいことはありません。

今野真二［こんの・しんじ］

1958年、神奈川県鎌倉市生まれ。1986年、早稲田大学大学院博士課程後期退学。高知大学助教授を経て現在、清泉女子大学教授。専攻は日本語学。


著書：『仮名表記論攷』（清文堂出版、第30回金田一京助博士記念賞受賞）、『漢語辞書論攷』（港の人）、『辞書からみた日本語の歴史』（ちくまプリマー新書）、『北原白秋　言葉の魔術師』（岩波新書）、『『日本国語大辞典』をよむ』（三省堂）、『日日是日本語』（岩波書店）、『日本語の教養100』（河出新書）、『日本とは何か』（みすず書房）、『乱歩の日本語』（春陽堂書店）、『横溝正史の日本語』（春陽堂書店）、『日本語と漢字』（岩波新書）、ほか多数。


【装画・本文イラスト】
村山宇希（ぽるか）

【ブックデザイン】
仁井谷伴子

図解で学ぶ
めくるめく日本語史の世界

2025年2月20日　初版発行
2025年7月12日　2版発行

著　者　今野真二
発行者　伊住公一朗
発行所　株式会社 淡交社
［本社］〒603-8588 京都市北区堀川通鞍馬口上ル
営業　075-432-5156　編集　075-432-5161
［支社］〒162-0061 東京都新宿区市谷柳町 39-1
営業　03-5269-7941　編集　03-5269-1691
www.tankosha.co.jp

印刷・製本　シナノ書籍印刷株式会社




ISBN978-4-473-04659-8